# SOS Ayuda Para Padres:

## *Una Guía Práctica para Manejar Problemas de Conducta Comunes y Corrientes*

http://www.sosprograms.com

de Lynn Clark:

*El Programa Educativo en Video: SOS Ayuda Para Padres*

Edición en español – Parents Press & SOS Programs
Edición en inglés – Parents Press & SOS Programs
Edición en húngaro – Budapest, Pedagogía Szervezet
Edición en islandés – Universidad de Islandia

*SOS Ayuda Para Padres: Diversas Ediciones*

Edición en español – Parents Press & SOS Programs
Edición en inglés – Parents Press & SOS Programs
Edición en coreano – Kyoyuk-Kwahak-Sa, Ltd.
Edición en chino – Beijing University Press
Edición en chino – Taiwan, Psychological Co., Ltd.
Edición en turco – Evrim Yaymevi ve Tic. Ltd. Co.
Edición en húngaro – Budapest, Pedagogía Szervezet
Edición en islandés – Universidad de Islandia
Edición en árabe – Yousef Abuhmaiden, Alkerak, Jordan

*SOS Help For Emotions: Managing Anxiety, Anger, And Depression* (un libro de autoayuda en inglés, no en español)

Edición en inglés – Parents Press & SOS Programs
Edición en coreano – Kyoyuk-Kwahak-Sa, Ltd.
Edición en turco – Evrim Yaymevi ve Tic. Ltd. Co.
Edición en chino – Beijing University Press

SOS Ayuda Para Padres ayuda a mejorar la conducta y la adaptación emocional de niños entre los dos y doce años de edad.
SOS enseña más de 20 métodos para ayudar a los niños y brinda una de las guías más detalladas para la aplicación del tiempo fuera de refuerzo.

*SOS Ayuda Para Padres: Una Guía Práctica Para Manejar Problemas de Conducta Comunes y Corrientes*

SOS en español

SOS en inglés

SOS en turco

SOS en chino
Universidad de Beijing

SOS en coreano

SOS en chino
Taiwan

SOS en húngaro

SOS en árabe

SOS en islandés

## *El DVD Video SOS Ayuda Para Padres*

Un Programa de Educación Para Padres a través de Video-Discusión

Para ser usado en talleres para padres, en entrenamiento del personal, en iglesias, en el aula, y en asesoramiento.

Más información al final de este libro

http://www.sosprograms.com

*"El enfoque audiovisual del programa SOS Ayuda Para Padres presenta información accesible tanto para los padres como los niños en todos los niveles de adaptación y funcionamiento."*

- Journal of Marital And Family Therapy

***SOS Un Programa de Educación para Padres Multicultural y Práctico***

*"Cuando estaba en Connecticut, usé su libro con los niños y sus padres con resultados excelentes. Ahora estoy en Estambul, Turquía, y he descubierto que su libro es muy útil para los padres turcos también."*

- Dr. Yanki Yazgan, Psiquiatra infantil, Universidad de Marmara, Estambul, Turquía

## *ENTÉRESE DE LO QUE LA GENTE OPINA DE SOS*

- ***"SOS cambió a mi familia...Como madre, recuperé la confianza en mi misma."***
  – Una madre de dos niños

- *"SOS es un libro muy completo... un libro excelente. Lo recomendamos mucho."*
  – Journal of Clinical Child Psychology

- ***"Cuando escribió el libro SOS Ayuda Para Padres, Lynn Clark se basó en sus 20 años de experiencia con padres e hijos ."***
  – USA Today

- *"Es un libro maravilloso... simple, de fácil lectura y basado en una investigación seria."*
  – Dr. Emel Summer, Director de Psiquiatría Infantil, DePaul Health Center, St. Louis, Missouri

- ***"... Un libro magnífico para los padres** (y también para profesionales)."*
  – Dr. David DeLawyer, Psicólogo, Tacoma, Washington

- *SOS... Hace que la vida de los padres sea más llevadera y placentera. ¡Lo recomiendo con estusiasmo!*
  – A.J. Moser, Director del Center for Human Potential y autor del libro Los Libros de Anti Estrés para los Niños.

**¡Lea el libro SOS Ayuda Para Padres!**

- *"... fácil de leer y su contenido es excelente."*
  – Contemporary Psychology, Revista de la Asociación Americana de Psicólogos

- ***"SOS Ayuda Para Padres preservó mi sanidad mental."***
  – Una madre de dos niños

## *LO QUE ALGUNOS OPINAN DE SOS*

- ***"¡Su libro es increíble! Nuestra asesora nos prestó su ejemplar y lo gastamos tanto que tuvimos que comprarle uno nuevo..."***
  – Un padre

- *"Tanto los maestros como los padres en Hungría piensan que SOS Ayuda Para Padres es muy útil y los comentarios recibidos han sido muy positivos."*
  – Anna Decsi y Barnane marta Likovszky, Budapest, Hungría

- ***"A los padres y maestros de diversas áreas les gustaría contar con un recurso como éste."***
  – Un crítico del Instituto de Investigación de la Primera Infancia de la Universidad de Illinois

- *"SOS Ayuda Para Padres da a los padres herramientas para educar a los niños utilizando un método práctico, coherente y fácil de aplicar... hará que los padres se sientan más competentes y confiados en sus habilidades parentales y en la comunicación con sus hijos."*
  – Asociación Nacional de Psicólogos Escolares (USA) Communique' Publication

- ***"He recomendado el libro SOS a una cantidad innumerable de padres y profesionales... una de las mejores publicaciones sobre manejo conductual."***
  – Kevin Kennedy, Ph.D

- *Libros SOS — "una excelente herramienta educativa, tanto para nuestro personal como para los padres."*
  – Director de la Unidad de Psiquiatría Infantil, Augusta, Georgia.

***Controle a sus hijos antes de que ellos lo controlen a usted.***

# *SOS Ayuda Para Padres:*

## *Una Guía Práctica para Manejar Problemas de Conducta Comunes y Corrientes*

Lynn Clark, Ph.D.

SOS Programs & Parents Press
PO Box 2180,
Bowling Green, KY  42102-2180, U.S.A.
http://**www.sosprograms.com**

# *SOS Ayuda Para Padres:*

## *Una Guía Práctica para Manejar Problemas de Conducta Comunes y Corrientes*



**La Biblioteca del Congreso ha fichado la edición encuadernada de la forma siguiente:**

**Library of Congress Cataloging-in-Publication Data**

Clark, Lynn, date.
[SOS help for parents. Spanish]
SOS ayuda para padres : una guía práctica para manejar problemas de conducta comunes y corrientes / Lynn Clark.
p. cm.
Includes bibliographical references (p. ) and index.
ISBN-10: 0-935111-47-6 ISBN-13: 978-0-935111-47-7
1. Discipline of children. 2. Child rearing. 3. Timeout method.
I. Title.

HQ770.4 .C5218 2003
649'.64--dc21

2002035592

Printed in the United States of America
Published by:
SOS Programs & Parents Press
Post Office Box 2180
Bowling Green, KY 42102-2180 USA
Telephone: 270-842-4571
En USA, llame sin cargo: 1-800-576-1582
Fax: 270-796-9194
http://www.sosprograms.com
Email: sos@sosprograms.com

20 19 18 17 16 15 14 13 12 11 10 9 8 7 6 5 4 3 2

Nota Editorial

ADVERTENCIA

La intención de este libro es proveer información sobre la materia especificada. Se entiende que con su venta, tanto el autor como los editores no están brindando servicios psicológicos, médicos o profesionales.

Criar a los niños es con frecuencia una tarea ardua. En caso de necesitar asistencia experimentada, busque la ayuda de un profesional competente. El Capítulo 22 explica cómo conseguir ayuda profesional.

Con frecuencia algunos asesores piden a los padres que lean SOS mientras reciben asesoramiento.

## DEDICATORIA

*A Carole, Eric, y Todd*

### ***Sobre la Traductora***

María Beatriz Alvarez, LICSW, CSW tiene más de 20 años de experiencia de trabajo con niños y familias. Durante estos años, ha asesorado a maestros, consejeros escolares, pediatras y otros profesionales que trabajan con niños. Maria Beatriz nació en Buenos Aires, Argentina en 1959 y desde 1992 reside en los Estados Unidos. Estudió la carrera de Trabajo Social en la Universidad de Boston. Practicó trabajo social en la Clínica de Pediatría Infantil del "Children's Hospital of Boston", en Massachusetts. Actualmente ejerce como trabajadora social psicoterapéutica en la clínica de psiquiatría infantil del "Saint Vincent's Catholic Hospital" de Manhattan donde también es la creadora del Equipo Latino de Psiquiatría Infantil y del Adolescente.

Como educadora, María Beatriz ha trabajado en diversas escuelas y agencias comunitarias de Argentina donde ha enseñado filosofía, entrenamiento docente y educación para adultos.

Maria Beatriz ha viajado por diversos países de habla hispana, Chile, Colombia, Méjico, Puerto Rico, Uruguay y Paraguay. La Sra. Alvarez tiene también considerable experiencia como maestra de español y traductora. Tanto el lector como el autor tienen la fortuna de contarla como traductora de SOS Ayuda Para Padres.

Actualmente, Maria Beatriz vive cerca de la ciudad de Nueva York con su esposo, Michael Bettencourt, escritor independiente y autor dramático quien ha contribuído a esta traducción de SOS al español brindándole a María Beatriz su apoyo técnico en materia de computación, su aliento y su amor.

# AGRADECIMIENTOS

Mi especial agradecimiento a Gerald Patterson, Rex Forehand y sus colegas por buena parte de la investigación y la fundamentación clínica de este libro. Donald Baer me introdujo a la investigación sobre el manejo conductual cuando yo era estudiante de post-grado en la Universidad de Kansas. B.F. Skinner, por más de un siglo ha contribuído a la investigación sobre la conducta humana y tuvo la amabilidad de permitir el uso de la caricatura del Capítulo 22.

Gerald Patterson del Centro de Aprendizaje Social de Oregón y Mark Roberts de la Universidad del Estado de Idaho revisaron el manuscrito en inglés. Sus comentarios y recomendaciones incrementaron la utilidad de SOS.

SOS también ha contado con la contribución profesional de Rudolf Dreikurs, Carl Rogers, y Thomas Gordon sobre educación para padres y comuncación entre padres e hijos.

Los colegas y los graduados en psicología de la Western Kentucky University y la Psychological Clinic me ayudaron a refinar SOS. Carole Clark y Eric Clark criticaron los capítulos antes de su traducción al español e hicieron valiosas sugerencias. Todd Clark brindó su apoyo en computación tanto para la edición en Inglés como en español. John Robb dibujó las ilustraciones de SOS Ayuda Para Padres. Begoña Lago y José Luis Alonso colaboraron en la corrección y refinación de la traducción española.

Desde su primera publicación en 1985, el programa de educación para padres SOS ha sido traducido a seis idiomas. SOS se ha beneficiado de los comentarios y sugerencias de numerosos profesionales de la salud mental, educadores, y padres de multiples países extranjeros cuyos antecedentes son diversos.

SOS y yo le agradecemos profundamente a las personas aquí mencionadas que contribuyeron de muchas maneras.

SOS
AYUDA PARA
PADRES
Una Guía Práctica para Manejar Problemas
de Conducta Comunes y Corrientes
Lynn Clark, Ph.D.

SOS
HELP FOR
PARENTS
A PRACTICAL GUIDE FOR HANDLING COMMON
EVERYDAY BEHAVIOR PROBLEMS
Lynn Clark, Ph.D.

# Indice General

Apéndices

*"!Estar juntos nos hace felices!"*

# SOS Ayuda Para Padres:

## Una Guía Práctica para Manejar Problemas de Conducta Comunes y Corrientes

http://www.sosprograms.com

AYUDA PARA
SOS
PADRES

# INTRODUCCIÓN

## JESSICA

*"¡Siempre hago lo que quiero!"*

La pequeña Julia, de seis años de edad, estaba constantemente fuera de control. Cuando se enojaba, era capaz de morderse las muñecas hasta hacerse sangrar, de gritar e insultar, de golpear a su mamá y de arremeter contra una puerta o una pared en un ataque de ira. Julia siempre *se empecinaba en salirse con la suya. Una vez, durante un paseo de compras, no quiso volver al auto con sus padres. Salió corriendo y tuvieron que perseguirla por entre los autos estacionados y el tráfico. Las palizas y los regaños, por más severos que fueran, resultaban inútiles. Hasta ahora, todo lo que sus padres habían intentado, para cambiar su mala conducta no había producido ningún resultado. Julia era la que mandaba.*

Cuando comencé a ejercer como psicólogo, trabajé con Julia y la Sra. Stiles, su madre. La Sra. Stiles aceptó mi ayuda profesional a pesar de su pesimismo respecto de los resultados. En lugar de trabajar directamente con Julia, comencé enseñándole a la Sra. Stiles métodos de disciplina efectivos y técnicas para la modificación de la conducta. La Sra. Stiles empleó correctamente los métodos aprendidos y, luego de ocho semanas tormentosas, la conducta de Julia cambió de manera drástica. No se convirtió en un angelito, pero al menos su conducta se hizo más manejable.

Durante nuestras sesiones de asesoramiento profesional, la Sra. Stiles siempre estaba un poco molesta conmigo por darle ayuda profesional sobre el manejo de la conducta de su hija siendo que yo no tenía hijos propios. Para ella, yo no podía entender lo difícil que era ser madre de Julia.

*Varios meses después de haber finalizado nuestras sesiones de asesoramiento para padres, la Sra. Stiles se enteró de que mi esposa y yo estabámos esperando nuestro primer hijo. ¿Cuál fue su reacción al recibir tan buena noticia? Ella exclamó:* "¡Espero que el hijo del doctor Clark sea malo como una víbora para que él mismo tenga que saborear al menos una pizca de lo que yo tuve que soportar!"

Aunque ustedes no tengan una "Julia" propia, es posible que tengan un hijo que no siempre se comporta como un angelito. *SOS Ayuda Para Padres* los puede ayudar a que aumenten la confianza en ustedes mismos y su eficacia como padres. Aprenderán muchos métodos nuevos para promover el mejoramiento de la conducta de sus hijos. Como resultado sus hijos se comportarán mejor y se sentirán más felices. Sus vidas se simplificarán y serán más placenteras.

Este libro es su guía para el manejo de una amplia variedad de problemas comunes de conducta. Buscaremos soluciones a problemas tales como:

Problemas que los padres tienen que afrontar

• Su hijo de tres años le pega cuando no lo deja salirse con la suya. Usted ha tratado con regaños y palizas pero la conducta de su hijo empeora.

• Usted se enfada o avergüenza cuando su hija de diez años le replica con insolencia cada vez que le pide que haga una simple tarea. Cuando usted le explica lo grosera que es su impertinencia, ella le hace burla.

• Usted detesta los sábados a la mañana. Por lo común, cada mañana del sábado, sus hijos de doce y ocho años se ponen a discutir y a pelear mientras miran televisión. Usted les advierte repetidamente que dejen de discutir y pelear pero en realidad no tiene nada que sea efectivo para respaldar sus advertencias.

• Su hija de cinco años ha comenzado a tener rabietas. Peor aún, las rabietas las tiene hasta en la casa de sus amigos. Ustedes ya están cansados de esta conducta y de disculparse por su hija. Se sienten incapaces de cambiar la conducta de su hija.

*El enfoque conductista en la crianza de los niños y la disciplina ayuda a entender mejor a los niños y a ayudarlos a cambiar. ¿En qué consiste el enfoque conductista? ¿Qué es la disciplina conductista?* El enfoque conductista sostiene que tanto la conducta buena como la mala se aprenden. *También sostiene que la conducta se puede "desaprender"o cambiar. La disciplina conductista ofrece métodos probados, habilidades, procedimientos, estrategias que usted puede usar para mejorar la conducta de su hijo.*

Atrévase a ser optimista en su esfuerzo por ayudar a su hijo a que cambie su conducta. Los métodos conductistas son sumamente efectivos en la transformación de todo tipo de problemas de conducta. Los estudios de la conducta de los niños administrados en muchos países muestran que el uso de los métodos conductistas aplicados a una amplia variedad de problemas de conducta son efectivos en un 50 a un 90 por ciento de los casos. Como padre y psicólogo, tengo mucha confianza en estos métodos. De hecho, casi todos los métodos conductistas que se explican en este libro los he usado con mis propios hijos. Estas habilidades son fáciles de aprender y realmente funcionan.

*"¡Nadie nos advirtió que iba a ser así!"*

## Cómo Usar Este Libro

Lea los capítulos 1 al 12 antes de comenzar a usar estas nuevas estrategias con su propio hijo. La comprensión de los métodos, las instrucciones paso a paso, y los ejemplos presentados en estos capítulos le mostraran cómo ayudar exitosamente a su hijo en el mejoramiento de su conducta. Además, aprenderá a evitar ciertas trampas y errores comunes cuando trate de manejar la conducta de su hijo.

Al final de cada capítulo encontrará una sección titulada "Recuerde estos puntos principales". Allí están contenidas las ideas e instrucciones más importantes de cada capítulo.

SOS Ayuda Para Padres está basado en mi experiencia profesional como psicólogo, mi experiencia personal como padre y los resultados de numerosos estudios sobre la relación entre padres e hijos. Manejar la conducta de nuestros hijos suele ser una tarea fascinante y, a veces, una invitación a la humildad, aún para los psicólogos y los asesores de familia. Mi esposa (que es maestra en la escuela primaria) y yo comenzamos a usar los métodos de disciplina y manejo de la conducta descriptos en este libro cuando nuestros dos hijos daban sus primeros pasitos.

Muchos años después de haber trabajado con la Sra. Stiles y con Julia, todavía pienso en la Sra. Stiles y sus "buenos augurios" para mi primogénito. He continuado el estudio de métodos de manejo de la conducta de los niños no sólo con la intención de ayudar a los padres sino también para evitar la maldición de tener un "hijo malo como una víbora".

Mi meta al escribir SOS es ayudar a los padres a ser mejores padres y ayudar a los niños a mejorar su conducta y su adaptación emocional. Como psicólogo clínico, tengo amplio conocimiento de métodos eficaces en el manejo de la conducta y los quiero hacer accesibles a los padres.

Notarán que he dedicado varios capítulos a la explicación del "tiempo-fuera de refuerzo". Quise que SOS ofreciera las instrucciones más completas para la aplicación del tiempo-fuera. Sin embargo, el tiempo-fuera es sólo uno de los tantos métodos para la modificación de la conducta de los niños, más de 20, que se enseñan en SOS.

Estos métodos eficaces en la ayuda de los niños han sido usados en estudios experimentales alrededor del mundo. Los métodos de SOS para ayudar a los niños pueden ser usados en culturas diferentes.

SOS Ayuda Para Padres ha tenido un éxito tremendo y ha recibido comentarios muy positivos de miles de padres desde su primera edición en 1985. ¡SOS ahora se halla traducido a ocho idiomas diferentes!

***El DVD Video SOS Ayuda Para Padres***

Un Programa de Educación Para
Padres a través de Video-Discusión
http://www.sosprograms.com

Primera Parte

# Nociones Fundamentales Sobre la Conducta y su Mejoramiento

En esta sección usted aprenderá por qué los niños se portan bien o mal. Es importante una comunicación clara entre usted y su hijo para que usted pueda ayudar a su hijo a mejorar su conducta.

Aprenderá los métodos principales que debe utilizar para aumentar la buena conducta de su hijo y disminuir la mala. También aprenderá sobre el tiempo-fuera y cuándo es oportuna su utilización.

Comencemos ahora mismo con el aprendizaje de los métodos de SOS para el mejoramiento de la conducta de su hijo y su adaptación emocional.

El video SOS Ayuda Para Padres está basado en el libro. Si usted es un asesor o un educador, entérese cómo El Video SOS Ayuda Para Padres lo puede ayudar a usted en su ayuda a los padres. Muchos profesionales usan el video para educar o asesorar a los padres sobre los métodos básicos del manejo de la conducta. Si desea más información, lea al final del libro o visite nuestra página de internet y vea una muestra del video en <http://www.sosprograms.com>

SOS
AYUDA PARA
PADRES
Una Guía Práctica para Manejar Problemas
de Conducta Comunes y Corrientes
Lynn Clark, Ph.D.

# Capítulo 1

# Por qué los niños se portan bien o mal

CONDUCTA NO COOPERATIVA CONDUCTA COOPERATIVA

*"¡ No!... ¡ No quiero hacerlo!"* *"¡Vaya!... Esto sí que cuesta."*

¿Por qué será que mientras que algunos niños pasan por su infancia con pocos problemas de conducta dignos de mencionar, otros son un problema constante para sus padres? Tanto los adultos como otros niños de su misma edad, piensan que estos "niños-problema" son demasiado molestos y se quejan de ellos o los evitan. Pareciera que estos "niños-problema" se pasaran las noches desvelados, tramando la mala conducta del día siguiente.

Como psicólogo he tenido la oportunidad de observar directamente los sentimientos de frustración y de fracaso que muchos padres experimentan. Estos padres frustrados también se desvelan buscando soluciones.

¡Hay soluciones! Con un mayor conocimiento de las reglas y de los métodos para mejorar la conducta usted podrá ayudar a su niño a portarse mejor y a ser un miembro de la familia más complaciente.

La buena o mala conducta se forma a través de las recompensas que su niño recibe. Algunas veces los padres recompensan y refuerzan "accidentalmente" la mala conducta de sus niños. Por ejemplo, Patricio, que tiene tres años, tal vez consiga quedarse levantado pasada su hora habitual de ir a la cama (recompensa) si "agota" a sus padres con quejas y lloriqueos. La mala conducta de su niño se robustecerá si usted u otra gente la refuerzan con recompensas. En cambio la conducta que no se recompensa o que se corrige se debilitará y tendrá menos posibilidades de repetirse en el futuro.

Siga estas tres reglas básicas en la crianza del niño. ¡Aunque le parezcan muy simples... a primera vista! Es siempre más fácil fijarse en los errores que sus amigos cometen en la educación de sus hijos. Sin embargo, cuando usted trate de aplicar estas tres reglas básicas en su hijo podrá apreciar lo difícil que es ser consecuente y eficaz. ¡Recuerde estas reglas!

**Tres Reglas en la Crianza del Niño**

**Lista de Verificación de los Padres**

**Regla #1.** Recompense la buena conducta (hágalo rápidamente y a menudo).

**Regla #2.** "Por descuido", no recompense la mala conducta.

**Regla #3.** Corrija alguna conducta mala (pero con una corrección moderada).

## Regla #1 Recompense la Buena Conducta (hágalo rápidamente y a menudo)

Los niños aprenden a hablar, vestirse, compartir sus juguetes, y hacer las tareas porque, por tales aprendizajes, reciben estímulo, atención y diversos tipos de recompensas, tanto de parte de sus propios padres como de otra gente. Como padres deberíamos recompensar generosa y frecuentemente la buena conducta de nuestros niños.

Los adultos tienen empleos y en retribución por su trabajo reciben un cheque de pago y el reconocimiento de otras personas. El cheque y el reconocimiento son retribuciones efectivas por el trabajo efectuado. La mayoría de nosotros dejaría de trabajar si nuestro esfuerzo no fuera recompensado. Las recompensas conforman y determinan nuestra conducta y la conducta de nuestros niños. Las recompensas son también llamadas "refuerzos" porque refuerzan la conducta.

Cuando su niño recibe una recompensa por una conducta determinada, esta conducta se robustece o se refuerza. Esto significa que dicha conducta tendrá más posibilidades de repetirse en el futuro. La mayoría de la gente repite aquellas conductas por las que se le ha recompensado. Por ejemplo, seguimos yendo a trabajar porque se nos paga. Si su niño se comporta de una manera que a usted le agrada, asegúrese de reforzar esa conducta recompensándolo frecuentemente. Tal vez se pregunte: ¿Qué tipos de recompensas debería dar? ¡Continue leyendo!

Tanto en los niños como en los adultos, las Recompensas Sociales son muy efectivas en el refuerzo de la conducta deseable. Recompensas Sociales son, entre otras, las sonrisas, los abrazos, las palmaditas, los besos, los elogios, el contacto visual, y la atención. Un abrazo o una palabra amable son fáciles e dar. Esto es algo bueno porque nuestros niños necesitan apropiada.

Los abrazos son Recompensas Sociales eficaces, tanto para los niños como para los adultos.

Algunos padres son tacaños con sus elogios y atención. Puede que estos padres digan que están demasiado ocupados o que sus niños deberían comportarse correctamente sin necesidad de recompensas. Los padres que son tacaños con sus sonrisas, abrazos, y elogios no se dan cuenta de la eficacia que tiene el recompensar con frecuencia la conducta deseable de sus niños. Por ejemplo, si Emilia, su niña de cuatro años, ordena su cuarto y lo ayuda con las tareas de la casa, usted debe decirle que aprecia lo que ella hace. Si no se lo dice, es posible que ella no repita esa conducta en el futuro.

Los elogios son más efectivos en el robustecimiento de la conducta deseable, particularmente, cuando lo que usted elogia es la conducta específica que su niño a manisfestado y no a su niño. Después de que su hija limpie y ordene su cuarto, use un elogio descriptivo como éste: "¡Tu cuarto se ve excelente, qué bien lo has limpiado!" Desarrolle el hábito de elogiar conductas o acciones específicas que usted quiere reforzar.

**Recompensas que a los niños les gustan**

| Recompensas Sociales | Actividades y Privilegios que Recompensan | Recompensas Materiales |
|---|---|---|
| Sonrisas | Jugar a las cartas con la madre | Helados |
| Abrazos | Paseo al parque | Pelotas |
| Palmaditas | Hojear un libro con el padre | Dinero |
| Atención | Ayudar en la cocina | Libros |
| Caricias | Ver televisión | Saltar a la soga |
| Aplausos | Invitar a algún amigo | Globos |
| Guiños | Jugar a la pelota con el padre | Yo-yo |
| Elogios | Compartir un juego | Linterna |
| *"Buen trabajo"* | Salir a comer pizza juntos | Postre especial |
| *"Bien hecho"* | | CD |

Además de las Recompensas Sociales usted puede dar también recompensas materiales o recompensar con actividades especiales y privilegios como, por ejemplo, un postre especial, un juguetito, moneditas, una visita a la heladería, o ayudar a hornear un bizcocho. Sin embargo, las Recompensas Sociales son mucho más eficaces que las recompensas materiales. Además, las Recompensas Sociales son más fáciles de usar. Recuerde: usted mismo es la recompensa principal para su niño.

Para que las recompensas sean eficaces, deben darse inmediatamente después de que la conducta deseable haya ocurrido. Si su hija saca la basura (aunque esta sea una tarea que se le ha asignado), agradézcale inmediatamente, en cuanto haya terminado, no una hora más tarde. A todos nos gusta recibir recompensas por una buena acción tan pronto como sea posible. Con frecuencia los niños piden que se les den las recompensas materiales antes de que hagan su tarea o se comporten como se espera de ellos. Si usted usa de vez en cuando recompensas materiales, asegúrese de dárselas a su niño después de que la conducta deseada ocurra. Cada vez que le de a su niño una recompensa material, una actividad especial o privilegio, déle también una recompensa social.

## Regla #2 "Por Descuido" No Recompense La Mala Conducta

Cuando por descuido usted premia la mala conducta de su niño, esa mala conducta se refuerza y es más probable que se repita en el futuro. Con frecuencia, los padres que están muy ocupados o preocupados recompensan accidentalmente a sus niños por conductas que no son ni apropiadas ni deseables. Estos padres que recompensan la mala conducta por descuido, son causa de problemas futuros tanto para sí mismos como para sus hijos. Éste es posiblemente uno de los errores más comunes en la crianza de los niños.

Tal vez su niño ya haya aprendido que si se queja, lloriquea o comienza a agitarse cuando usted lo manda a la cama, logrará quedarse levantado pasada su hora habitual de ir a acostarse Cuando las quejas y lloriqueos de su niño se han vuelto intolerables, ¿se ha dado usted por vencido y lo ha dejado quedarse levantado hasta más tarde? Si se ha dado por vencido, sin querelo, ha premiado las quejas y lloriqueos y éstos tendrán más posibilidad de repetirse en el futuro. Las conductas negativas se aprenden y se refuerzan tanto como las deseables y apropiadas. No recompense la mala conducta u otro comportamiento que usted no considera apropiado.

El niño obstinado es otro ejemplo de cómo los padres y otros adultos pueden reforzar, por descuido, una mala conducta y hacer que ésta se convierta en un problema serio. El observar a un niño mientras lloriquea y tiene rabietas es algo penoso y perturbador. Con la buena intención de detener estos lloriqueos y rabietas persistentes de los niños, algunos padres u otros adultos ceden, concediéndoles lo que quieren. De esta manera, el niño obstinado aprende que puede salirse con la suya si fastidia y molesta lo suficiente.*

RECOMPENSAR "POR DESCUIDO" LA MALA CONDUCTA

*"¡No quiero ir a la cama, no estoy cansado...!"*

*"¡Cálmate! Puedes quedarte levantado media hora más pues no soporto seguir oyendo tus lloriqueos."*

Un niño obstinado puede adquirir un poder y control considerables sobre sus padres y otras personas. Para salirse con la suya es probable que se empeñe en fastidiar interminablemente, quejarse, gritar, lloriquear y hasta en pegar a sus padres, hermanos y compañeros. Sólo cuando los demás le hayan dado lo que quiere, entonces dejará de molestarlos y

* Niños que han sido diagnosticados con ADD (Trastorno por Déficit de Atención), ADHD (Trastorno de Déficit de Atención e Hiperactividad), Trastorno de la Conducta o, Trastorno Desafiante Oposicional, suelen ser muy obstinados.

fastidiarlos. Con paciencia y energía infinitas forzará a sus padres y otros adultos a que le recompensen la mala conducta. Sin embargo, usted puede ayudar al niño obstinado practicando el arte del manejo conductual compendiado en este libro SOS.

## Regla #3 Corrija Alguna Conducta Mala (pero con una corrección moderada)

A veces se necesita usar una corrección leve para disminuir o eliminar una conducta inaceptable o peligrosa.

Tal vez a usted no le guste corregir a su niño y prefiera sólo premiar la buena conducta. Sin embargo, un castigo leve usado correctamente suele ser esencial en la ayuda de su niño. Aquí aprenderá a usar correcciones moderadas tales como regañar, consecuencias naturales, consecuencias lógicas, tiempo fuera de refuerzo, y sanciones. Como quiera que sea, no use castigos severos tales como amenazas crueles, sarcasmo, o palizas. Estos castigos suelen complicar el problema.

LA NIÑA OBSTINADA

*"Quiero comer AHORA MISMO."*

El niño obstinado puede llegar hacer hábil y eficaz en el control de los padres, hermanos y compañeros. Usa la táctica: "fastidia y controlarás."

Cristina Pierde su Triciclo

La mamá vio que su hija Cristina, de cuatro años, llevaba a la calle su triciclo nuevo. Lo cual quebrantaba una regla que la niña ya conocía.

Inmediatamente la mamá salió a la calle, hizo que Cristina se bajara de su triciclo y la regañó severamente diciéndole: "Cristina, por andar en triciclo en la calle — te quedarás sin usar el triciclo por una semana.". El triciclo fue guardado. Cristina no pudo usarlo hasta que se cumpliera la semana.

## Cuatro Errores Que Se Deben Evitar En La Crianza De los Niños

Por cierto, siga las reglas básicas de la crianza de los niños explicadas previamente. Además, evite cometer los siguientes cuatro errores. Estos errores en la educación infantil pueden ocasionar problemas de conducta o emocionales en los niños. Recuerde que tanto los padres como los hijos son imperfectos y trate de hacer lo mejor que pueda en la educación de sus hijos!

**"Descuidos" Que Causan Problemas En La Conducta Del Niño - Cuatro Errores Que Se Deben Evitar**

**Error #1.** Los padres no recompensan la buena conducta

**Error #2.** Los padres "por descuido" corrigen al niño cuando se porta bien

**Error #3.** Los padres "por descuido" recompensan la mala conducta

**Error #4.** Los padres no corrigen la mala conducta (cuando una corrección moderada debiera ocurrir)

Ejemplos de *Errores* en La Crianza de Los Niños

**Error #1**
**Los Padres No Recompensan La Buena Conducta**

Ejemplo: Bernardo, que está en cuarto grado, lleva a su padre su libreta de calificaciones. El padre está sentado en un sillón, abstraído en la lectura del diario y deja pasar la oportunidad de premiar a su hijo por sus buenas calificaciones en la escuela.

Bernardo: *"Papá, saqué buenas notas en este semestre, ¿quieres ver mi libreta de calificaciones?"*

Padre: *"Sí, pero déjame terminar de leer el diario... Por favor, ve a preguntarle a tu madre si hoy se acordó de pagar las cuentas.*

**Error #2**
**Los Padres "Por Descuido" Corrigen Al Niño Cuando Se Porta Bien**

Ejemplo: Sara, de ocho años, quiere dar una sorpresa a su mamá, lavando los platos del almuerzo. La madre, sin querer, la regaña.

Sara: *"Mamá, ¿estás contenta de que lavé los platos?"*

Madre: *"Ya era hora de que ayudaras con las cosas de la casa. ...¿Te acordaste de limpiar también las cacerolas y la cocina?*

**Error #3**
**Los Padres "Por Descuido" Recompensan La Mala Conducta**

Ejemplo: Patricia tiene seis años y está acampando con sus padres. Toda la familia acaba de regresar al campamento con comestibles para el almuerzo. La madre está cansada, tiene calor y hambre.

Patricia: *"Quiero ir a nadar antes del almuerzo."*

Madre: *"Primero debes almorzar, luego dormir la siesta y después puedes ir a nadar."*

Patricia: *"Si no me dejas ir a nadar me voy a poner a llorar."*

Madre: *"¡Oh, no Patricia, cualquier cosa menos tus lloriqueos! Haz lo que quieras y vete a nadar.*

**Error #4**
**Los Padres No Corrigen La Mala Conducta (cuando una corrección moderada debiera ocurrir)**

Ejemplo: La madre y el padre están sentados en la sala. Observan que Marcos, su hijo de once años, le pega en la oreja a su hermanito. Ninguno de los padres regaña a Marcos o le da otro tipo de corrección por su conducta agresiva.

Madre: *"Sería bueno que controlaras a tu hijo."*

Padre: *"¡Los varones son así!"*

## Algunos Trastornos Físicos Pueden Ocasionar Problemas de Conducta

Cuando su niño está hambriento o demasiado cansado su capacidad de auto control disminuye y puede que por esta razón su mala conducta se intensifique. Algunos problemas de salud pueden también incrementar la posibilidad de problemas de conducta. Si usted sospecha que su hijo sufre de algún problema de salud, llévelo a su médico de cabecera o a su pediatra para que lo revise.

Aunque un trastorno físico determinado pueda contribuir a la mala conducta de su niño, continúe tratando de mejorar su conducta. Todas las reglas y métodos que se explican en este libro son también apropiados para niños con discapacidades y problemas físicos. Los siguientes capítulos le mostrarán cuándo y cómo usar eficazmente los métodos que ayudarán a mejorar la conducta y adaptación emocional de su niño.

## Recuerde Estos Puntos Principales

- Tanto la buena como la mala conducta se refuerzan cuando se las recompensa.
- Recompense la buena conducta de su niño inmediatamente y con frecuencia.
- Evite recompensar la mala conducta de su niño.
- Use una corrección leve para disminuir o eliminar algunas conductas.

---

Educadores y consejeros pueden adquirir *El Video SOS Ayuda Para Padres* que enseña, entre otras habilidades, **Las Tres Reglas en La Crianza del Niños** y **Los Cuatro Errores Que Se Deben Evitar en La Crianza de Los Niños.**

SOS
AYUDA PARA
PADRES
Una Guía Práctica para Manejar Problemas de Conducta Comunes y Corrientes
Lynn Clark, Ph.D.

Capítulo 2

# Una comunicación clara mejorará su eficacia en la crianza de sus hijos

PROBLEMAS QUE LAS FAMILIAS TIENEN QUE AFRONTAR
UNA COMUNICACION DEFICIENTE

La comunicación entre la madre y el padre debe mantenerse clara. Ambos deben ponerse de acuerdo sobre sus objetivos.

Los padres deben ponerse de acuerdo sobre qué conductas de sus hijos consideran deseables o no. De lo contrario, puede ser que sus hijos se sientan confundidos sobre lo que se espera de ellos y en consecuencia se porten mal.

Una comunicación clara y frecuente entre los esposos fomenta la crianza efectiva de los niños. De la misma manera, una comunicación clara entre padres e hijos es indispensable en el mejoramiento de la conducta. Buena comunicación requiere que todos los miembros de la familia conversen mucho y escuchen mucho. Su hijo necesita una comunicación clara, disciplina, y amor.

## Los padres deben ponerse de acuerdo sobre sus objetivos

Usted y su esposo/a deben ponerse de acuerdo sobre qué conductas de sus hijos consideran deseables y cuáles no. Sus valores fundamentales determinan los objetivos y modelos de conducta que ustedes esperan ver actualizados en sus hijos. Recompense y robustezca la buena conducta de su niño. En cambio, aquella conducta que usted considera inaceptable, no la recompense para que así se elimine o debilite.

PADRES RESOLVIENDO PROBLEMAS

La comunicación clara entre la madre y el padre es importante.

Si la suya es una familia de padre solo o madre sola, clarifique sus objetivos y el realismo de sus expectativas respecto de la conducta de su niño consultando con otro adulto que esté interesado en la educación de su niño. Puede ser que, en su caso, tanto los abuelos como la niñera lo ayuden en la educación cotidiana de sus hijos. Si tal es su situación, asegúrese de que todos ustedes tienen objetivos y expectativas coherentes respecto de la conducta de su niño.

## Comunicación clara entre padres e hijos

Ambos, usted y su esposo deben establecer las reglas que quieren que su niño respete. En lo posible, haga que su hijo participe en la formulación y modificación de las reglas; de esta manera, estará más motivado y menos resentido cuando tenga que cumplirlas. Una vez que usted haya establecido una regla determinada, su hijo deberá cumplirla. Haga que su hijo repita la regla que le ha especificado. Su hijo deberá saber reconocer qué conductas espera de él y qué conductas son inaceptables.

## Cómo dar órdenes efectivamente

"Por favor, recoge tus juguetes", es simplemente una petición. "¡Deja de arrojar la comida!" o "¡Ven aquí y cuelga el abrigo que arrojaste al piso!" son órdenes.

Los padres cuyos niños se comportan mal son, con frecuencia, incapaces de dar instrucciones u órdenes claras a sus hijos. Todos los padres, especialmente aquellos que tienen hijos difíciles de controlar, deben aprender a dar instrucciones u órdenes claras y efectivas. Cuando usted use el tiempo fuera de refuerzo, un método de disciplina particularmente eficaz, deberá ser capaz de decirle a su hijo: "¡Vete al tiempo-fuera inmediatamente!"

¿Cuándo se deben dar órdenes? Si usted quiere que su niño deje de mostrar una mala conducta y piensa que le va a desobedecer una simple petición, ordénele que pare en vez de pedírselo. Déle también una orden cuando quiera que su hijo haga algo determinado y sospecha que le desobedecerá su petición.

¿Cómo se debe dar una orden? Supongamos que usted entra a la sala y encuentra a Josefina, su niña difícil de siete años, saltando sobre el sofá nuevo. Usted camina hacia el lugar donde ella está con cara seria. La mira a los ojos y manteniendo fija la mirada la llama por su nombre. Con voz firme, le da una orden clara y directa. Le dice: "Josefina, saltar sobre los muebles es contra las reglas. ¡Baja del sofá!" Usted ha dado una orden clara.

Dé órdenes claras y explícitas. Evite vaguedades. Su niño prestará más atención si le dice: "¡ Ven aquí y empieza a guardar esos juguetes en el estante!". En cambio, si le da una orden vaga como por ejemplo, "¡ Haz algo con esos juguetes!", posiblemente no le hará ningún caso.

Es posible que, después de haberle dado una orden, Josefina baje del sofá. Sin embargo, supongamos que Josefina decida desobedecer su orden. Quizás ella decida ponerlo a prueba para ver si usted es capaz de mantenerse firme. No es necesario ni castigarla ni amenazarla con castigos para demostrarle a Josefina que usted se mantendrá firme.

**Cómo Dar Ordenes Efectivas Al Niño**

**Lista de Verificación**

| | | |
|---|---|---|
| _____ | | Pasos a seguir |
| _____ | 1. | Acérquese al niño. |
| _____ | 2. | Preséntele una cara seria. |
| _____ | 3. | Llámelo por su nombre. |
| _____ | 4. | Mírelo a los ojos y mantenga la mirada. |
| _____ | 5. | Use un tono de voz firme. |
| _____ | 6. | Déle una orden simple, clara y directa. |
| _____ | 7. | De ser necesario, respalde su orden. |

Usted tiene un modo muy simple y efectivo de mantenerse firme. Puede utilizar el tiempo fuera de refuerzo. Más adelante explicaremos cómo usar el tiempo fuera de refuerzo en tal confrontación — y sin que usted se enoje mucho. Por ahora, recuerde los pasos que se deben seguir para que sus órdenes sean efectivas. Practique estos pasos.

## Los niños necesitan disciplina y amor

Disciplinar quiere decir enseñarle al niño a que se controle y mejore su conducta. Su hijo aprende respeto propio y autocontrol cuando recibe al mismo tiempo amor y disciplina. Disciplinamos a nuestros niños porque los amamos y queremos que se conviertan en adultos responsables y competentes. Ser un padre eficaz requiere amor, conocimiento, esfuerzo y tiempo. Este libro le enseñará los principios básicos del manejo conductual y las destrezas prácticas que usted necesita para ayudar a su niño. Para ayudar realmente a su hijo, usted debe practicar estas destrezas, dedicarle tiempo y amor.

A un niño bien adaptado sus padres le dan tanto amor como disciplina. Respeta los derechos de los otros y espera que los demás respeten los suyos.

## Motivos por los cuales los padres no disciplinan

Hay varias razones por las que algunos padres evitan disciplinar a sus hijos. Para poder superar su resistencia a la disciplina, estos padres deberían recapacitar y analizar sus motivaciones. No puede esperar que su niño modifique su conducta si usted no está dispuesto a modificar primero la suya. Ponemos a continuación algunas de las razones por las que a algunos padres se les hace difícil modificar su propia conducta.

• **El Padre Desesperado.** Este padre ya se ha dado por vencido porque siente que su hijo es incapaz de cambiar y siempre se comportará insatisfactoriamente.

• **El Padre No Confrontativo.** Este padre evita toda confrontación con su hijo porque en realidad no espera que el niño le obedezca y el niño lo sabe. A veces este padre teme perder el amor de su hijo si le exige demasiado.

• **El Padre Cansado.** Este padre no logra generar la energía necesaria para seguir el ritmo de un niño activo o de mala conducta.

• **El Padre Con Remordimientos.** Este padre se echa la culpa por los problemas de conducta de su hijo y siente remordimientos cuando trata de disciplinarlo. Auto reproche y sentimientos de culpa le impiden educar a su hijo o hija para que mejore la conducta. Este padre se vuelve pasivo y permisivo.

• **El Padre Irritado.** Muchos padres se enojan e irritan cada vez que tienen que disciplinar a sus hijos. Como no pueden disciplinar sin estar irritados, se sienten pésimo y, en consecuencia, ignoran la mala conducta de sus hijos.

• **El Padre Inhibido.** Algunas veces uno de los padres impide que el otro discipline al niño. Si éste es su caso, continúe conversando con su esposo/a sobre sus objetivos. Después de ponerse de acuerdo sobre los objetivos, continúe tratando de ponerse de acuerdo sobre los métodos de disciplina.

• **El Padre Preocupado.** Problemas maritales, financieros y otras situaciones difíciles de la vida llegan a ser una carga para los padres. A menudo, al padre preocupado le falta la energía suficiente, el tiempo y la motivación para ayudar a su hijo.

Educar a los niños y mantener la familia unida es una tarea difícil y desafiante. Los psicólogos y otros profesionales pueden ayudar a los padres a comprender mejor tanto a su familia como a conocerse a sí mismos, y de esta manera, ser más eficaces en la educación de sus hijos.

"EL PADRE CANSADO"

*¿De dónde saca su energía? Seguramente no la heredó de mí puesto que yo estoy todo el tiempo agotada— sobre todo cuando lo cuido a él..."*

## Recuerde Estos Puntos Principales

- Los padres deben ponerse de acuerdo sobre aquellas conductas que consideran deseables o inaceptables.
- Mantenga una comunicación clara con su hijo.
- Cuando sea necesario, dé instrucciones y órdenes claras y efectivas.
- Su niño necesita tanto su disciplina como su amor. Si algo le impide disciplinar a su hijo, determine la causa de tal impedimento y trate de corregirlo.

Capítulo 3

# Modos de fomentar la buena conducta

*¡Estupendo! ¡Estás aprendiendo a atar los cordones de tus zapatos!*

Incentivos, alabanzas y caricias fortalecen la buena conducta.

¿Recuerda cómo le enseñó a su hijo a atarse los cordones de los zapatos? Primero le mostró cómo hacerlo y luego le dijo que lo imitara comenzando por el primer paso. Cuando su niño probó esta nueva destreza usted le dio mucho estímulo y atención. En respuesta, su niño se esforzó aún más en complacerlo.

Su estímulo, total atención, sonrisas, abrazos, palmaditas, y elogios son muy importantes para su hijo. Ellos robustecen su conducta. Este capítulo le mostrará varios métodos de recompensa y estímulo para fomentar la buena conducta de su hijo.

Es tan importante el recompensar la buena conducta de su hijo como el evitar recompensar la mala. Cuando usted ve que su niño se comporta de manera reprobable, un método efectivo es que usted ignore "activamente".

## Use "Ignorar activamente"

"Ignorar activamente" significa no prestarle ninguna atención a su hijo mientras se comporta mal. Cuando "ignore activamente" una conducta, se asegurará de no recompensar accidentalmente la mala conducta de su hijo dándole su atención. Este método es particularmente efectivo en la disminución de las rabietas en niños de dos a cinco años. Si regaña o presta atención a su hijo cuando tiene una rabieta, sin quererlo, le está recompensando la mala conducta. Trate de practicar el "ignorar activamente" para que las rabietas se debiliten. Si su hijo está en un sitio fuera de peligros, retírese de ese lugar hasta que se le haya pasado la rabieta o, si lo prefiere, déle la espalda y finja que está mirando hacia otro lado. Cuando su mala conducta pare, déle mucha atención.

IGNORAR ACTIVAMENTE

*"Espero que la rabieta se le pase pronto. Ya me estoy aburriendo de ignorarlo mientras miro estas flores..."*

¡Felicitaciones a esta mamá que está "ignorando activamente"! Ella lo está privando de su atención y presencia mientras el niño se comporta mal.

Asegúrese que con su mala conducta su niño no lo fuerza a darle lo que a él se le antoja: una recompensa material (una galletita antes de la cena) o una actividad (como por ejemplo mirar televisión por la noche durante el tiempo escolar).

¿Cómo "ignorar activamente"? Siga los pasos indicados en el cuadro siguiente.

**Use "Ignorar activamente" para ciertas malas conductas**

___ Pautas que debe seguir:

___ 1. Por corto tiempo, no le preste ninguna atención.

___ 2. No le discuta, regañe o hable.

___ 3. Voltee la cara y no lo mire.

___ 4. No muestre enojo ni en sus modales ni en sus gestos.

___ 5. Finja que esta absorto en otra actividad — o abandone la habitación.

___ 6. Asegúrese de que a través de su mala conducta su hijo no se sale con la suya.

___ 7. Préstele mucha atención cuando su niño deje de portarse mal.

Use "Ignorar Activamente" para atenuar las siguientes conductas:

- Gimotear y quejarse
- Enfurruñarse y malhumorarse
- Quejarse exageradamente y a los gritos.
- Pedir y exigir continuamente
- Contener la respiración y hacer pequeñas rabietas

El ignorar activamente, con frecuencia ayuda a disminuir la mala conducta. Sin embargo, cuando este método no le dé resultados, considere el uso de algunos de los otros métodos explicados en este capítulo o en los capítulos sucesivos.

## Recompense la buena conducta alternativa

Si la conducta inaceptable de su hijo es gimotear, la conducta alternativa será hablar normalmente. Si, por lo común, su hija gimotea cuando quiere algo, elógiela cuando pida algo sin gimotear. Recompense la buena conducta alternativa para que ésta se fortalezca.

Suponga que Cristian, su hijo de cuatro años tiene una rabieta cada vez que no consigue lo que se le antoja — como, por ejemplo, cuando no se le permite comer una galletita antes de la cena. La próxima vez que él demuestre autocontrol cuando usted no le conceda lo que él quiere, elógielo. Dígale: "Cristian, aunque esta vez no conseguiste tu galletita igual te comportaste correctamente. Estoy orgulloso de que te comportes juiciosamente. ¡Después de la cena puedes comer tres galletitas!"

**Cómo Recompensar la Buena Conducta Alternativa — Ejemplos para Padres**

| ***Mala Conducta*** Que debe disminuir (Use "No Hacer Caso Activamente" una Corrección Moderada) | ***Buena Conducta*** Que debe aumentar (Use elogios y atención) |
|---|---|
| 1. Gimotear | 1. Hablar normalmente |
| 2. Arrebatar los juguetes | 2. Compartir o intercambiar juguetes |
| 3. Hacer rabietas cuando se siente frustrado | 3. Autocontrol cuando se siente frustrado |
| 4. Hostigar | 4. Jugar colaborativamente |
| 5. Maldecir | 5. Hablar sin decir malas palabras |
| 6. Golpear | 6. Solucionar problemas mediante la palabra |

¿Qué conducta debe desaparecer? ¿Cuál es la conducta que usted quiere mantener? Espere a que esa conducta que usted quiere ocurra y "sorprenda a su niño cuando se porta bien" y recompénselo. Si su hijo no sabe cómo comportarse como usted desea, como por ejemplo compartiendo los juguetes, enséñele. A continuación explicaremos como enseñarle a su hijo la conducta que usted desea.

## Ayude a su hijo a practicar la buena conducta

Ayude a su hijo a practicar la buena conducta que usted quiere que él aprenda. Por ejemplo, si su hija le arrebata los juguetes a su hermanita, enséñele a intercambiar juguetes. Demuéstrele usted mismo cómo se intercambian los juguetes. Luego ayúdele a practicar esta destreza.

## Use "La Regla de la Abuela"

Ayude a sus niños a que cumplan con tareas poco placenteras usando "La Regla de la Abuela".

La Regla de la Abuela dice: "Después de que hayas terminado tus tareas puedes ir a jugar". Es más fácil comenzar y completar una tarea poco placentera cuando se sabe que al final habrá algo de diversión.

**Use La Regla de la Abuela – Modelos para los Padres**

| *Después de:* | *Entonces puedes:* |
|---|---|
| 1. Hacer los deberes | 1. Mirar televisión |
| 2. Lavar los platos | 2. Salir a jugar un rato |
| 3. Arreglar tu cuarto | 3. Jugar juegos de videos |
| 4. Dormir la siesta | 4. Ir a la piscina |
| 5. Comer todas las verduras | 5. Comer el postre |
| 6. Ensayar la lección de piano | 6. Visitar a un amigo |

No invierta La Regla de la Abuela. Este es un ejemplo de La Regla de la Abuela invertida: “Puedes mirar televisión ahora si me prometes que harás los deberes más tarde”. Si su hija siempre posterga hacer los deberes porque es algo que no le gusta, mirar televisión no la motivará a terminarlos. Además se sentirá culpable y enfadada por no hacerlos. Prometer y sentirse culpable no ayudan a ningún niño a hacer tareas desagradables. Lo que motiva al niño es hacer algo divertido después de la tarea cumplida.

## Dé buen ejemplo

Los padres son un constante ejemplo de conducta para sus hijos. Su niño aprende a comportarse bien o mal a través de la observación e imitación de la conducta de los padres y de otros adultos. Evite, por descuido, mostrar una conducta que usted no desea que su hijo imite.

Su hijo le presta muchísima atención cuando usted está frustrado por algún problema o tiene un conflicto con otra persona. Observándolo a usted, está aprendiendo cómo manejará sus propias frustraciones y conflictos futuros.

ERRORES QUE LOS PADRES COMETEN EN LA CRIANZA DE SUS HIJOS

¡Usted es un ejemplo para su hijo!

Modele sólo aquellas conductas que ustede desea que su hijo imite.

Si usted se refiere a las demás personas de manera sarcástica, burlona y criticona, está enseñándole a su hijo a que hable con insolencia y se queje cuando se dirige a usted u otras personas. Algunos niños aprenden de sus mismos padres a maldecir cuando se sienten heridos. Otros niños aprenden a hacer rabietas porque observan a sus padres perder el control de su propia conducta y emociones. Quiéralo o no, usted es un modelo para sus hijos. ¡Sea un buen modelo!

## Proteja a su hijo de la influencia de modelos agresivos

Los niños también aprenden a comportarse imitando las conductas de la gente que ven en la televisión y en las películas. Muchos programas de televisión muestran personas que resuelven sus conflictos con los demás con un lenguaje grosero, con amenazas, agresiones y violencia.

Proteja mucho a su hijo de la influencia de modelos violentos en las películas, la televisión, la música, los juegos de computadora y material impreso. Estos modelos violentos pueden influir significativamente en el lenguaje y la conducta de su hijo. Los niños también aprenden modelos de conducta sexual a través de los medios de comunicación.

## Sea un padre organizado

Sea organizado y planee con anticipación; ésto lo ayudará a ser un padre más eficaz. Anticípese a las necesidades de su niño antes de que su mala conducta lo fuerce a hacerlo. Cuando usted permite que la mala conducta de su niño lo fuerce a satisfacer sus necesidades o caprichos usted, inadvertidamente, le ha recompensado la mala conducta.

Si usted sale de compras con sus niños, vuelva a casa antes de que estén agotados. Si sus hijos se ponen fastidiosos mientras están en la iglesia, no los regañe ni los amenace, simplemente siéntese entre ellos para separarlos. La hora más oportuna de tener una larga conversación telefónica no es precisamente antes de la comida, cuando sus hijos tienen hambre y se fastidian unos a otros. Si usted y su niño están de visita en casa de unos amigos, evite quedarse mucho más tarde de su hora habitual de ir a la cama.

CONFUSIÓN EN LA CASA

*"¡Oyeme, Julia, voy a tener que cortar porque los niños están empezando a alborotarse!"*

Algunas veces la familia entera se desorganiza. Con frecuencia, en tal situación de caos, la mala conducta de los niños aumenta rápidamente. Reorganice la situación lo antes posible. Ser un padre efectivo no sólo toma tiempo sino también disciplina y planeamiento.

Sus niños, especialmente cuando son pequeños, necesitan muchísimo cariño y supervisión. Como padres jamás estamos "fuera de servicio" hasta que nuestros hijos están dormidos y aún así estamos "de guardia". Una de las horas favoritas para aquellos padres que están muy ocupados son "cuando sus hijos ya están dormidos".

## Recuerde Estos Puntos Principales

- Estimule y elogie la buena conducta de su hijo.
- Intencionalmente, ignore algunas malas conductas.
- Recompense la buena conducta alternativa después de haber elegido la conducta específica que considera inaceptable.

- Ayude a su hijo a practicar la buena conducta que usted quiere que aprenda.

- Dé buen ejemplo a través de su propia conducta.

- Proteja mucho a su niño de la influencia de modelos agresivos en las películas, la televisión, la música, los juegos de computadora, y en materiales impresos. Estos modelos violentos pueden influir significativamente la conducta de su hijo.

SOS
AYUDA PARA
PADRES
Una Guía Práctica para Manejar Problemas de Conducta Comunes y Corrientes
Lynn Clark, Ph.D.

## Capítulo 4

# ¿Qué es el tiempo fuera de refuerzo? ¿Cuándo debe ser usado?

*Una "típica rabieta"*

El tiempo fuera de refuerzo es particularmente eficaz en el manejo de conductas impulsivas o difíciles de controlar tales como las rabietas.

### Preguntas de los padres

- *"¿Qué es el tiempo fuera de refuerzo?"*
- *"¿El tiempo fuera de refuerzo puede perjudicar emocionalmente a mi hijo?"*
- *"¿Puedo empezar a usar el tiempo fuera de refuerzo con mi niño que recién empieza a caminar?"*

- *"¿Qué tipo de mala conducta puede reducirse con el uso del tiempo-fuera?"*
- *"¿Hay otros métodos del manejo conductual que son más efectivos en determinadas situaciones? ¿Cuáles son?"*

TIPOS DE MALA CONDUCTA QUE MERECEN
TIEMPO FUERA DE REFUERZO

*"¡No quiero esta leche asquerosa!"*

## ¿Qué es el Tiempo Fuera de Refuerzo o Tiempo-fuera?

Como método de corrección y disciplina, el tiempo-fuera es una breve interrupción de las actividades de su hijo. El tiempo-fuera consiste en poner a un niño en un lugar aburrido inmediatamente después de que se haya comportado mal y dejarlo ahí, sin estímulo alguno, hasta que la alarma de un cronómetro portátil le indique que puede salir. La duración del tiempo-fuera debe ser de un minuto por cada año del niño.

El tiempo-fuera o tiempo fuera de refuerzo – como su nombre lo indica – implica la privación de todo refuerzo, recompensa, atención o actividad que su hijo considera interesante. Usted aparta inmediatamente a su hijo de la situación placentera o estimulante en la que se hallaba cuando se comportó mal y lo pone en un lugar tranquilo y aburrido en el que no hay nada que disfrutar. Al poner a su niño en tiempo-fuera evita que reciba atención u otras recompensas (recompensas materiales o actividades que recompensan) luego de una conducta inapropiada.*

### Ventajas en el uso del tiempo-fuera

- El tiempo-fuera debilita rápidamente muchos tipos de mala conducta.
- El tiempo-fuera ayuda a suprimir definitivamente algunos tipos de mala conducta dando lugar a mejores conductas.
- Es un método que los padres pueden aprender y aplicar fácilmente.
- Los padres comentan que se sienten menos irritados y perturbados ya que cuentan con un plan efectivo.
- Los padres se convierten en un modelo racional y no agresivo para sus hijos.
- La relación padre-hijo rápidamente vuelve a la normalidad después del uso del tiempo-fuera.

Como método de disciplina el tiempo-fuera tiene dos objetivos. El objetivo inmediato es parar inmediatamente la conducta problema. El objetivo a largo plazo es ayudar al niño a que aprenda auto-disciplina, auto-control y a adquirir la habilidad de manejar sus emociones.

## Perspectiva del niño sobre el tiempo-fuera

A los niños no les gusta el tiempo-fuera porque experimentan varias privaciones inmediatas aunque éstas sean breves y ligeras. Cuando están en tiempo-fuera los niños se ven privados de la atención de su familia. Pierden poder y control y la posibilidad de irritar y fastidiar a sus padres. Pierden la libertad de jugar con sus juguetes y pasatiempos y de asociarse

---

* El tiempo-fuera es tanto un método de no-refuerzo de la conducta inaceptable como una corrección moderada de la misma. El tiempo-fuera es un método efectivo en el cumplimiento de la Regla #2 de la Crianza de los Niños: "Por descuido no premie la mala conducta" y de la Regla #3: "Corrija alguna de las malas conducta pero con una corrección moderada".

en actividades interesantes. Como el tiempo-fuera es un método rápido y preciso los niños tienen menos capacidad de evitarlo. Su hijo se enfadará con usted *cuando* lo ponga en tiempo-fuera y *durante* el tiempo-fuera pero, por lo general, el enfado se le pasará después del tiempo-fuera.

Tanto los niños como los padres se resisten a cambiar de conducta. Es común que los niños no quieran cambiar su conducta inaceptable. Sin embargo, si cada vez que se comportan de manera inaceptable reciben tiempo-fuera se darán cuenta de que es más fácil cambiar de conducta y aprender nuevos modos de satisfacer sus necesidades. Si estos nuevos modos, más apropiados, son recompensados se rebustecerán y tendrán más posibilidades de repetirse en el futuro. El tiempo-fuera debilita los viejos problemas de conducta de su hijo y estimula el surgimiento de conductas nuevas que son más aceptables.

## Use siempre un cronómetro portátil

Use siempre un cronómetro portátil, del tipo de los que se usan comúnmente en casa y en la cocina. Muchas de las ilustraciones de SOS muestran este tipo de cronómetro. Por razones específicas que explicaré más adelante, le recomiendo que jamás use un reloj pulsera, o de pared o un cronómetro que sea parte de un artefacto de cocina. Si los usa, el tiempo-fuera no funcionará bien. Si usted no usa un cronómetro portátil, no espere que el tiempo fuera de refuerzo ayude eficazmente a su hijo en el mejoramiento de su conducta.

## El tiempo-fuera no perjudicará emocionalmente a su hijo

El tiempo-fuera, cuando es usado correctamente, es inofensivo, suprime eficazmente la mala conducta de su hijo y ayuda a los niños a superar problemas emocionales. No hay ninguna evidencia de que el tiempo fuera de refuerzo, usado correctamente, perjudique emocionalmente a los niños.

---

El Video SOS Ayuda Para Padres, un programa educacional en video usado por educadores de padres y consejeros, también enseña el uso del tiempo fuera de refuerzo. Este video se puede conseguir a través de Parents Press tanto en Español como en Inglés. Para más información vea el Apéndice A y las últimas páginas de este libro. En este video se usa la expresión "tiempo en aislamiento" para referirse al "tiempo fuera de refuerzo". <http://www.sosprograms.com>

Sin embargo, es común que los padres cometan errores al usar el tiempo-fuera. Uno de los errores más comunes es no usar un cronómetro portátil, como se indicó anteriormente. En el capítulo 6 se describen con exactitud los pasos que se deben seguir en el uso del tiempo-fuera dependiendo de la edad de su hijo.

## Su niño de dos a doce años de edad

Usted puede usar eficazmente el método del tiempo fuera de refuerzo si su hijo tiene entre dos y doce años de edad. Sin embargo, cuando comience a usar tiempo fuera de refuerzo, su hijo no deberá tener más de once años. Para niños mayores use los otros métodos de manejo conductual que se explican en este libro.

## Observe usted mismo la mala conducta

En el mejor de los casos, usted debe ver u oir la mala conducta de su hijo para que lo mande inmediatamente al tiempo-fuera. Para ser más eficaz, ponga a su niño en tiempo-fuera dentro de los 10 segundos posteriores a la mala conducta. Luego busque el cronómetro portátil. Administrar inmediatamente el tiempo-fuera es particularmente importante si su niño tiene entre dos y cuatro años.

Si perdió la oportunidad de usar el tiempo-fuera, sea paciente. Las malas conductas se repiten. ¡Sin duda alguna, otra mala conducta ocurrirá pronto!

## ¿Qué tipos de mala conducta merecen tiempo-fuera?

El tiempo-fuera ayuda eficazmente a corregir la mala conducta de su hijo que es impulsiva, agresiva, hostil, o descontrolada . Cuando se lo compara con otros métodos de disciplina, el tiempo fuera de refuerzo es uno de los métodos disponibles más efectivos en la eliminación de problemas de conducta tanto severos como moderados. Sin embargo, es importante reconocer que el tiempo fuera de refuerzo no es el único método de disciplina que pude reducir problemas de conducta como los que se listan a continuación bajo la Categoría A.

**Conductas de la Categoría A — Malas conductas que se pueden cambiar con el tiempo-fuera**

- Golpear
- Rabietas
- Hostigar y provocar a otros niños
- Responder con insolencia a los padres u otros adultos
- Gritar o chillar enfurecido
- Arrebatarle los juguetes a otros niños
- Arrojar los juguetes
- Destruir los juguetes
- Patear a alguien
- Morder o amenazar con morder
- Tirar de los pelos
- Estrangular a alguien
- Escupir o amenazar con escupir a otros
- Arrojar tierra, piedras o palos a alguien
- Maltratar o hacer daño a mascotas y otros animales
- Llorar de manera exasperante con la “intención” de castigar a los padres
- Abofetear
- Pellizcar
- Arañar
- Venir con cuentos y acusaciones
- Hacer cosas peligrosas como por ejemplo andar en triciclo por la calle
- Gimotear y lloriquear insistentemente
- Golpear a alguien con un objeto
- Con palabras o gestos, amenazar que va a golpear o herir a alguien

- Insultar y maldecir
- Empujar a alguien en la escalera
- Arrojar la comida
- Dañar intencionalmente los muebles de la casa
- Burlarse o tratar de humillar a los padres
- Hacer caras burlonas o ponerle apodos ofensivos a los demás
- Desobedecer una orden de parar inmediatamente una conducta determinada

¿Ha encontrado en esta lista algunas de las conductas de su hijo que usted quiere corregir ? Aquellos padres que han usado el método de tiempo-fuera han podido reducir o eliminar cada mala conducta de la Categoría A. El que usted considere o no que una conducta merezca tiempo-fuera dependerá de sus propios valores y de los objetivos que usted y su esposa/o se hayan fijado en la educación de su niño.

Sin embargo, el tiempo fuera de refuerzo no es la única solución para todos los problemas de conductas de los niños. El tiempo fuera de refuerzo no deber ser usado en conductas de la Categoría B.

## Conductas de la Categoría B — No use tiempo-fuera en estos problemas de conducta

- Enfurruñarse, hacer pucheros
- Irritabilidad, mal humor, rezongos
- No hacer su tarea por olvido u otras razones
- No recoger su ropa y sus juguetes
- No hacer su tarea escolar o la práctica de piano
- Hiperactividad (sí use tiempo fuera de refuerzo en conductas destructivas o agresivas)
- Pusilanimidad, haraganería
- Ser demasiado dependiente, tímido o pasivo
- Retraimiento, querer estar solo
- Conductas que los padres no han observado directamente

El tiempo-fuera no es efectivo en la modificación de conductas de la Categoría B. Para corregir estas conductas usted debe aplicar otras formas de administración conductual. "No hacer caso activamente" calma los pucheros, lloriqueos o gimoteos (Capítulo 3).

A menudo, los padres me preguntan si pueden usar tiempo-fuera cuando quieren que su hijo comience a hacer algo bastante complicado como, por ejemplo, "Ordenar su cuarto" o "Hacer su tarea". El tiempo-fuera es efectivo cuando se usa para parar una mala conducta. Amenazar a su hijo con tiempo-fuera no lo estimula a que inicie una tarea que le resulta desagradable o difícil. El tiempo-fuera es un método para eliminar una mala conducta, no para iniciar una buena. Para ayudar a su hijo a comenzar una tarea trate de usar la Regla de la Abuela (Capítulo 5), las recompensas de fichas (Capítulo 14) o, para niños mayores, el contrato entre padres e hijos (Capítulo 14).

Cuando usted presione a su hijo para que haga una tarea ingrata puede que le conteste con insolencia o haga una rabieta. Use el tiempo-fuera en la corrección de la insolencia o la rabieta. Una vez que haya superado el obstáculo de esta mala conducta le resultará más fácil hacer que su hijo cumpla con tareas que no le agradan. Asegúrese de elogiar sus esfuerzos al comienzo y al final de la tarea ingrata.

## Elija una o dos conductas problema

Usted y su esposa deben seleccionar una o dos conductas problema en las que quieren comenzar a aplicar el tiempo-fuera de refuerzo. Apliquen el método de tiempo fuera en estas conductas. Usenlo con frecuencia y firmeza.

No empiece a usar el tiempo-fuera en todas las conductas de su hijo que son inaceptables o inapropiadas. Puede que su hijo acabe pasando todo el día en tiempo fuera de refuerzo. Después de haber tenido éxito en la disminución de la conducta selecionada puede elegir otra conducta específica cuya manifestación desea reducir.

¿Cómo se debe seleccionar la conducta problema? Fíjese en la lista de la Categoría A y elija una de ellas. Elija una conducta que usted pueda contar. Por ejemplo cuente el número de veces que su hijo le responde con insolencia o le viene con cuentos o acusaciones sobre su hermano o hermana.

Asegúrese también de que la conducta seleccionada ocurra con frecuencia. Usted no conseguirá suficiente experiencia en el uso del tiempo fuera de refuerzo si la conducta seleccionada no ocurre al menos una vez al día.

SELECCIONE LA CONDUCTA-PROBLEMA Y USE TIEMPO-FUERA EN ESA CON CONDUCTA ESPECIFICA

*"Uf! ¡Otra vez estoy en tiempo-fuera! Cada vez que fastidio a mi hermano acabo en tiempo-fuera. Mejor me busco algo que sea más interesante que fastidiar a mi hermano y que me pongan en tiempo -fuera. Quizás sería mejor escuchar un CD o visitar a un amigo..."*

El tiempo fuera de refuerzo es efectivo porque detiene la mala conducta ("fastidiar a mi hermano") y deja lugar para que una conducta mejor ("sería mejor escuchar un CD o visitar a un amigo") pueda surgir. No dude en usar el tiempo-fuera repetidamente para detener la mala conducta. Cuando la buena conducta aparezca, recompénsela.

Cuando comience a aplicar el método de tiempo fuera de refuerzo elija dos conductas, una menor y otra más grave como por ejemplo golpear o hacer rabietas. Estas últimas son conductas más exigentes ya que los niños están más cargados de emoción o enojados cuando las manifiestan.

Use tiempo fuera de refuerzo repetidamente en la conducta que haya seleccionado. Al principio, cuando comience a usar el tiempo fuera, aplíquelo cada vez que la conducta seleccionada ocurra. Deberá notar una disminución de la frecuencia de la mala conducta entre un 50 y un 90 por ciento dentro de las primeras dos semanas.

## Recuerde Estos Puntos Principales

- El tiempo-fuera consiste en poner a un niño en un lugar aburrido inmediatamente después de que se haya comportado mal y dejarlo ahí, sin estímulo alguno, hasta que la alarma de un cronómetro le indique que puede salir. La duración del tiempo fuera de refuerzo debe ser de un minuto por cada año del niño.

- El tiempo-fuera usado correctamente no perjudicará emocionalmente a su hijo.

- Elija una o dos conductas inaceptables que usted quiera corregir.

- Use tiempo-fuera de manera repetida e inmediatamente después de que la conducta seleccionada ocurra.

- Siga los pasos indicados en los Capítulos 6 al 11 para el uso correcto del tiempo-fuera.

# Capítulo 5

# Métodos principales para eliminar la mala conducta

PROBLEMAS QUE LOS PADRES TIENEN QUE AFRONTAR

¿Qué haría usted en esta situación?

## Preguntas de los padres sobre corrección y consecuencias

- *¿Es conveniente que use una corrección moderada para cambiar la conducta de mi hijo?*

- *¿Qué tipo de consecuencias y correcciones moderadas son efectivas en la disminución de la mala conducta?*

- *¿El uso de una corrección puede perjudicar emocionalmente a mi hijo?*

Existen cinco tipos de consecuencias moderadas (también llamadas correcciones moderadas) que usted puede usar para ayudar a su hijo. Uno de estos métodos es el tiempo-fuera que es muy conciso y efectivo en la detención de malas conductas persistentes, impulsivas, coléricas y difíciles de controlar.

En otros capítulos de este libro se describe detalladamente, paso por paso, cómo y cuándo se debe usar este método. Sin embargo, el tiempo fuera de refuerzo tiene sus limitaciones. Cuando usted quiera aplicar el tiempo-fuera deberá hacerlo inmediatamente depués de que la mala conducta haya ocurrido.

Los otros cuatro métodos de corrección moderada son efectivos aunque usted no los aplique inmediatamente después de que la conducta haya ocurrido. Estos métodos son: (1) regaño y desaprobación, (2) consecuencias naturales, (3) consecuencias lógicas, y (4) sanción por la conducta. Este capítulo describe estos métodos y la manera correcta de aplicarlos.

Para ser un padre seguro de sí y competente, conozca y use varios métodos de manejo conductual para controlar los problemas de conducta de su hijo. Estos métodos efectivos son fáciles de aprender. Le será más fácil bregar con una mala conducta en particular si usted conoce varios métodos para corregirla.

La corrección moderada puede detener o debilitar la mala conducta de su niño. Sin embargo, por sí sola no aumentará la buena conducta. Como ya se ha recalcado en los capítulos anteriores, usted debe también recompensar frecuentemente la buena conducta.

**Cómo usar efectivamente una corrección moderada**

___ Siga estas pautas:

___ 1. Sea moderado en el uso de la corrección.

___ 2. Use únicamente consecuencias y correcciónes moderadas.

___ 3. Corrija rápidamente después de que la mala conducta haya ocurrido.

___ 4. Corrija cuando sienta que mantiene su propio control.

___ 5. Explique brevemente la razón de la corrección.

___ 6. Evite el castigo físico.

Una corrección es, por ejemplo, una consecuencia desagradable, una desaprobación, o una sanción que sigue a la conducta. Cuando use una corrección moderada asegúrese de seguir correctamente las pautas indicadas.

El uso correcto de una corrección moderada no perjudicará emocionalmente a su hijo. Sin embargo, una corrección severa, el sarcasmo o las amenazas crueles pueden herir la autoestima y el bienestar emocional. Aquellos niños que son castigados severamente pueden volverse extremadamente introvertidos o actuar de manera agresiva y belicosa en el trato con los demás. Aquellos padres que amenazan a sus hijos con encolerizarse si éstos no les prestan atención están también enseñándoles a encolerizarse para salirse con la suya.

## Sea un modelo no agresivo y racional

Hay padres desesperados que no saben ya qué hacer y con frecuencia tratan de castigar o controlar a sus hijos con amenazas crueles e irracionales como por ejemplo, "¡Estás confinado en casa durante todo el verano!" o "¡Voy a arrancarte

PROBLEMAS QUE LOS PADRES TIENEN QUE AFRONTAR

*"No es mi culpa, mi hermana me dijo que lo hiciera....*
*Esta vez olvidémonos de la corrección..."*

uno por uno los pelos de tu cabeza a menos que ...! Hay padres que acostumbran a dar palizas severas y frecuentes como método de disciplina y no se dan cuenta de que muchos otros métodos de corrección moderada pueden ser más efectivos en la modificación de la conducta.

Recuerde que su niño imitará su conducta. Si usted grita, amenaza irracionalmente, o da bofetadas, usted está "dando el ejemplo" de esta conducta para que su hijo la imite. Puede que él grite, se enfade o trate de "controlar" a otros físicamente. Cuando usted usa el tiempo fuera de refuerzo como método disciplinario, se convierte en un modelo no agresivo y racional para su hijo.

A menudo su tarea como padre es estresante y exasperante. Puede ser que algunas veces su hijo trate intencionalmente de encolerizarlo. A algunos niños les gusta atraer la atención de sus padres y controlarlos haciéndolos enfadar o exasperar. Sin embargo usted puede resistir sus sentimientos de cólera. ¡Verá que sí puede! Puede evitar gritar y vociferar, amenazar irracionalmente, usar sarcasmo, dar palizas o usar otras formas de corrección tanto severas como ineficaces.

ALGUNOS ERRORES QUE LOS PADRES COMETEN CUANDO DISCIPLINAN

*"¡Esto te enseñara a comportarte!"*

*"¡Esto te hará aprender!"*

Los niños imitan las conductas de sus padres. Al usar palmadas y amenazas usted le está enseñando a su hijo a usar métodos agresivos para "controlar" a otros.

## Cómo usar el regaño y la desaprobación correctamente

Cuando regañe por una mala conducta, acérquese a su hijo, mírelo a los ojos, manténgase firme, exprese sus sentimientos e indique la conducta inaceptable. Es importante mantener el autocontrol y evitar comentarios sarcásticos o despectivos. Sea breve y manténgase calmado.

Recuerde que debe desaprobar la conducta de su hijo y no a su hijo. No critique su personalidad o su carácter. Comuníquele que todavía lo respeta y ama como persona. En lugar de decirle “Eres malo porque golpeaste a tu hermano”, dígale “Golpear a tu hermano es algo malo”. No diga “Eres un atrevido”. Diga “Eso que hiciste fue muy atrevido”. Cuando regañe, asegúrese de que desaprueba la conducta de su niño y no a su niño. El mejor momento para usar la desaprobación es cuando la conducta empieza a manifestarse.

PROBLEMAS QUE LOS PADRES TIENEN QUE AFRONTAR

¡Devolver el regaño!

A algunos niños el regaño no les ayuda a mejorar la conducta, ya que simplemente discuten o devuelven el regaño.

Para algunos niños la desaprobación es suficiente cuando se usa como método de corrección moderada. Sin embargo, si su niño se enfada o le discute cuando usted lo regaña, este método no es el adecuado. Cuando el regaño y la desaprobación no son efectivos, considere el uso del tiempo fuera de refuerzo u otra forma de corrección moderada.

### Señales indicativas de que el regaño y la desaprobación no tienen efecto en su hijo

- Su hijo le devuelve el regaño, se burla, le discute o responde con insolencia.
- Su hijo se sonríe, lo ignora o parece distraído.
- A su hijo le dan rabietas cuando lo regañan.
- Su hijo parece disfrutar de la atención adicional aunque ésta sea una atención negativa.

PROBLEMAS QUE LOS PADRES TIENEN QUE AFRONTAR

*"Vamos a ver...¿uso el tiempo-fuera o dejo que el gatito le muestre las CONSECUENCIAS NATURALES?"*

## Consecuencias naturales de la mala conducta

Una consecuencia natural de no usar los guantes en un día frío es tener las manos frías. Perder el recreo o quedarse después de hora en la escuela es una consecuencia natural de no haber completado la tarea asignada.

Una consecuencia natural es un evento que ocurre normalmente o naturalmente como resultado del mal comportamiento del niño. La naturaleza o "el ordenamiento natural del mundo" provee la corrección en lugar de los padres. Permita que su hijo experimente la consecuencia natural de su propia conducta a menos que haya algún peligro.

**Permita que ocurran las consecuencias naturales de la mala conducta**

| *Mala Conducta* | *Consecuencias Naturales* |
|---|---|
| 1. Maltratar al gato | 1. Que lo arañen |
| 2. Romper un juguete a propósito | 2. Tener un juguete roto que no será reemplazado |
| 3. Hostigar a los niños del vecindario | 3. Que los niños del vecindario lo eviten |
| 4. No hacer la tarea escolar | 4. Quedarse después de clase al día siguiente si el maestro lo pide |
| 5. Remolonear por la mañana antes de ir a la escuela | 5. Llegar tarde a la escuela y tener que explicar al maestro por qué llegó tarde |
| 6. Empujar y atropellar a otros niños de la misma edad | 6. Que lo empujen y atropellen |
| 7. Derramar por descuido una bebida | 7. Que no le llenen el vaso otra vez |

Si José, que tiene seis años, hostiga a su amigo, puede ser que éste se enfade y se vaya a su casa. José se quedará sin compañero de juegos. Quedarse solo es una de las consecuencias naturales descriptas en el cuadro bajo el título "Permita que ocurran las consecuencias naturales de la mala conducta".

Aquellos padres que usan las consecuencias naturales creen firmemente que sus hijos aprenden a mejorar su conducta cuando se les permite experimentar las consecuencias que ocurren naturalmente tras sus acciones y decisiones. Como la corrección la provee la naturaleza y no los padres, los niños tienden a enfadarse menos con sus padres por disciplinarlos.

**Cómo aplicar las consecuencias lógicas de la mala conducta— Ejemplos para los padres**

*"¡No pudes usar los colores por una semana!"*

| *Mala Conducta* | *Consecuencias Lógicas* |
|---|---|
| 1. Andar en triciclo por la calle. | 1. Quitarle el triciclo por una semana. |
| 2. El chicle se pega a los muebles, la ropa o el cabello. | 2. No más chicle por cinco días. |
| 3. Maltratar o negarse a cuidar a su mascota. | 3. Llevar la mascota a otra casa, después de varias advertencias y discusiones. |
| 4. Rehusar cepillarse los dientes. | 4. No habrá golosinas ni bebidas gaseosas hasta que comience a cepillarse regularmente. |
| 5. No comer las verduras durante la cena. | 5. No habrá postre. |

## Consecuencias lógicas de la mala conducta

Algunas veces usted no puede permitir que las consecuencias naturales ocurran porque serían peligrosas para su hijo. Por ejemplo, el padre no pude permitir que Juan, que tiene tres años, experimente las consecuencias naturales de andar en triciclo por la calle. Sin embargo, su padre puede aplicar las consecuencias lógicas. Si Juan usa su triciclo en un lugar peligroso, perderá el privilegio de andar en triciclo por cierto tiempo. Su padre puede rápidamente quitarle el triciclo y prohibirle que lo use por una semana.

Cuando usted aplica las consecuencias lógicas a una conducta-problema está también corrigiendo la mala conducta. Asegúrese de que la consecuencia lógica guarde relación con la naturaleza de la mala conducta. Este tipo de corrección debe ser una consecuencia lógica o razonable respecto de la mala conducta. Cuando su hijo vea la relación razonable entre la consecuencia y la mala conducta estará más motivado a cambiar de conducta. Además, resentirá menos la corrección.

Cuando aplique una consecuencia lógica es importante que evite consecuencias demasiado severas o duraderas. Por ejemplo, la consecuencia "no andar en triciclo por dos meses" es demasiado dura para un niño de tres años cuya mala conducta ha sido andar en triciclo por la calle. Puede ocurrir que cuando usted se sienta irritado o enfadado por la mala conducta de su hijo le de una consecuencia extrema. Si usted ha cometido este tipo de error, que es bastante común, la solución está a su alcance. Simplemente dígale a su niño que la consecuencia que le dio era demasiado severa y que ha decidido reducirla

El cuadro titulado "Cómo aplicar las consecuencias lógicas a la mala conducta" da ejemplos prácticos para los padres.

## Cómo usar la sanción por la conducta

Si no se le ocurre ninguna consecuencia lógica de una determinada mala conducta y la consecuencia natural tampoco se ha dado, considere entonces el uso de la sanción por la conducta. La sanción por la conducta es otro método de corrección que es efectivo y a la vez moderado. Su hijo recibe una sanción (como por ejemplo no mirar televisión por un día) por una mala conducta específica (por ejemplo, haberle mentido).

La sanción por la conducta puede ser la pérdida de ciertos privilegios, una multa o una tarea adicional que a su hijo le desagrada. La sanción no tiene relación "lógica" con la mala conducta. Por ejemplo, cada vez que Florencia, su hija de nueve años, maltrata a su perrito, pierde el privilegio de usar su estéreo durante el resto del día. La pérdida temporal del estéreo (la sanción) no tiene relación lógica con el maltrato del perrito (la conducta). Para seleccionar una sanción que sea efectiva, los padres de Florencia deberán conocer los gustos de su hija y qué le resulta significativo. "No andar en bicicleta por dos días" no será una sanción efectiva si Florencia raramente usa su bicicleta. Cuando aplique la sanción por la conducta trate de establecer cuál será la sanción antes de que la conducta inaceptable ocurra.

**Cómo usar la sanción por la conducta— Ejemplos para los padres**

*"A los otros no les gusta cuando yo chismeo...."*

| *Conducta* | *Sanción* |
|---|---|
| 1. Alcahuetear sobre otros niños. | 1. Escribir inmediatamente tres veces: "A otros niños no les gusta que yo lleve alcahueterías". |
| 2. Mentir a los padres. | 2. Quedarse sin mirar televisión durante un día entero. |
| 3. Pelear con los niños del vecindario. | 3. No andará en bicicleta por dos días. |
| 4. Hostigar persistentemente al hermanito. | 4. No poder usar el estéreo y los CDs durante un día entero. |
| 5. No haber limpiado su cuarto a una cierta hora de al tarde. | 5. No poder jugar afuera esa tarde. |

El cuadro titulado "Cómo usar la sanción por la conducta" da ejemplos para los padres instruyéndolos en el uso de este método de corrección moderada.

En situaciones en las que no le resultará práctico usar las consecuencias naturales o las lógicas, use la sanción por la conducta. Evite que la sanción sea demasiado severa o larga.

El cuadro titulado "Métodos de corrección moderada" le presenta una breve comparación de los cinco métodos de corrección que se acaban de explicar en este capítulo. Estos cinco métodos son las formas más efectivas de corrección que usted pueda usar. Para tener éxito en el manejo de todo tipo de malas conductas usted deberá saber cómo aplicar cualquiera de los cinco.

El tiempo fuera de refuerzo es muy efectivo pero debe ser usado sólo en niños entre los dos y doce años de edad. Además, recuerde que usted debe usar el tiempo fuera de refuerzo inmediatamente después de que la mala conducta haya ocurrido. Muchos padres reconocen que las conductas más difíciles de manejar ocurren con frecuencia frente a sus mismas narices. El tiempo fuera de refuerzo es particularmente efectivo en la detención de estas malas conductas persistentes.

Evite toda expresión de cólera cuando corrija. Su hijo deberá entender que lo corrige porque se ha portado mal y no porque usted se irritó. Además, usted no quiere que su hijo aprenda a imitarlo en su cólera.

## Cuando la mala conducta persiste

Con frecuencia los niños persisten en portarse mal. Existen varias explicaciones de semejante conducta. Puede ser que el placer que el niño experimente por su mala conducta supere el peso de la corrección. Por ejemplo, tal vez Nora disfrute acusando a su hermano, alcahueteando y causándole problemas aunque su madre le haya demostrado que desaprueba sus alcahueterías.

Tal vez el niño haya aprendido que no corre grandes riesgos de ser corregido. Por ejemplo, Alejandro de vez en cuando roba galletitas del tarro pero rara vez lo han pillado. Y si lo han pillado tal vez sus padres sólo lo hayan amenazado con una corrección pero nunca lo hayan cumplido.

## Métodos de Corrección Moderada — Cuadro Comparativo para Padres

| Formas de Corrección Moderada | Edad del Niño | Efectividad de la Corrección Moderada | Tipo de Conducta que Se Corrige | Cuán Pronto Se Emplea |
|---|---|---|---|---|
|  **Tiempo Fuera** | De los 2 a los 12 años de edad | Muy efectivo | Todo tipo, en especial casos dificiles de manejar | De ser posible, inmediatamente |
|  **Regaño y Desaprobación** | A cualquier edad | Efectividad moderada | Todo tipo | Inmediatamente o poco después |
| **Consecuencias Naturales**  | A cualquier edad | Efectivo | Ciertos tipos | Inmediatamente o poco después |
| **Consecuencias Lógicas**  *"¡No pudes usar los colores por una semana!"* | De los tres a los años de adolescencia | Efectivo | Casi todo tipo | Inmediatamente o poco después |
| **Sanción por la Conducta**  *"A los otros no les gusta que alcahuetee...."* | De los cinco a los años de adolescencia | Efectivo | Todo tipo | Inmediatamente o poco después |

Hay algunos padres que presentan en ellos mismos la conducta que intentan corregir o castigar en sus hijos — por ejemplo maldecir— . Los niños aprenden a imitar la conducta de sus padres por más que éstos los castiguen por exhibir semejante conducta.

Como padre, sea coherente en la conducta que va a recompensar y en la que va a corregir. Cuando corrija, use untipo de corrección que sea a la vez moderada y eficiente.

## Recuerde Estos Puntos Principales

- Estimular y recompensar la buena conducta es la mejor manera de fomentar la conducta deseable. "Sorprenda a su hijo portándose bien" y recompense esa conducta.
- La corrección moderada ayuda a detener la mala conducta de su niño.
- Corrija de vez en cuando y use sólo correcciones y consecuencias moderadas.
- Sea un modelo no agresivo y racional cuando corrija. Mantenga su ira bajo control.
- Los métodos más efectivos de corrección son el tiempo-fuera, regaño y desaprobación, consecuencias naturales, consecuencias lógicas, y penalidad por la conducta. A estos cinco métodos también se los llama consecuencias moderadas.

http://www.sosprograms.com

## Segunda Parte

# DESTREZAS BASICAS EN EL USO DEL TIEMPO FUERA DE REFUERZO

El tiempo-fuera es un método eficaz en la suspensión de la mala conducta. En esta segunda parte usted aprenderá las destrezas básicas necesarias en el uso del tiempo-fuera. Cada capítulo describe separadamente los pasos que se deben seguir en el uso del tiempo-fuera y del método 10-10. Si tiene preguntas o dudas sobre un paso en particular, puede revisar el capítulo que describe ese paso.

Las instrucciones para el manejo de la conducta de los niños que se dan en estos capítulos están separadas de acuerdo a la edad de los niños, según éstos tengan entre dos y cuatro años de edad o entre cinco y doce años.

Como los padres suelen hacer muchas preguntas sobre el uso del tiempo-fuera, he incluído muchos ejemplos e ilustraciones. Estos capítulos compendian y repiten puntos de importancia. El capítulo 12 explica cómo evitar Nueve Errores Comunes en el Uso del Tiempo Fuera de Refuerzo. Este capítulo también le da algunas soluciones si usted anticipa que su hijo no cooperará con el tiempo fuera de refuerzo.

¡Comencemos, pues, con el tiempo fuera de refuerzo!

"El Video SOS Ayuda Para Padres" es un programa educativo en video para grupos de padres que desean mejorar sus destrezas en el manejo conductual. A veces algunos consejeros sugieren a los padres que miren la Primera Parte del video. Este programa también ilustra y enseña las destrezas necesarias en el uso del tiempo fuera de refuerzo. Si desea más información remítase a las páginas al final de este libro. <http://www.sosprograms.com>

AYUDA PARA
SOS
PADRES

Capítulo 6

# Cómo comenzar a usar el tiempo fuera de refuerzo

*"Ya tenemos nuestro cronómetro portátil. Veamos cuál es el paso siguiente..."*

Comenzar a usar el tiempo fuera de refuerzo es simple.

¡Usted puede! Usted puede ayudar a su hijo a que mejore su conducta. Usando el tiempo-fuera usted podrá sentirse un padre más competente y eficaz.

Este capítulo compendia el método del tiempo-fuera y le indica los pasos básicos que debe seguir cuando lo usa por primera vez.

Ponga a su hijo inmediatamente en tiempo-fuera cuando se comporta de manera inaceptable — por ejemplo, cuando golpea a otros o habla con insolencia. Mándelo al tiempo-fuera empleando no más de 10 palabras y 10 segundos. El tiempo que su niño deberá permanecer en tiempo-fuera dependerá de su edad: un minuto por cada año.

¡Recuerde! 10 palabras como máximo, 10 segundos en ponerlo en tiempo-fuera y un minuto por cada año de su edad. El uso del tiempo-fuera y el método 10-10 le permitirá ser coherente, justo y eficaz cuando ayude a su hijo a mejorar su conducta.

Ajuste el cronómetro para que indique siempre la misma cantidad de minutos cada vez que pone a su hijo en tiempo-fuera. Luego, coloque el cronómetro cerca de su hijo, pero fuera de su alcance. Siempre use un cronómetro portátil con alarma. Si no tiene un cronómetro portátil, anótelo en su próxima lista de compras. Se pueden conseguir fácilmente en cualquier ferretería, tienda de artículos de cocina o en los grandes almacenes. El cronómetro permite precisión en la medición del tiempo y su alarma le indica a su hijo cuándo se ha acabado el tiempo-fuera y puede continuar su actividad anterior. El no usar un cronómetro portátil es uno de los errores más comunes que los padres cometen. En el capítulo 10 se explican las razones por las que el cronómetro portátil es tan necesario.

PROBLEMAS QUE LOS PADRES TIENEN QUE AFRONTAR

*¡Tonta! ¿No ves que todavía no he terminado de colorear?*

Los comentarios insolentes o respuestas impertinentes son algunos de los problemas comunes que los padres tienen que afrontar.

## Pasos Básicos en el Uso Inicial del Tiempo-Fuera

_______ Pasos a Seguir:

___ 1. Escoja la conducta específica en la que usará el tiempo-fuera. (Capítulo 4)

___ *2. Fíjese con qué frecuencia esa conducta se repite. (Capítulo 4)

___ 3. Escoja un sitio aburrido para el tiempo-fuera. (Capítulo 7)

___ 4. Explique a su niño lo que es el tiempo-fuera. (Capítulo 8)

___ 5. Espere con paciencia a que la conducta específica ocurra. (Capítulo 9)

EL TIPO ESPECÍFICO DE CONDUCTA OCURRE

___ 6. Ponga al niño en tiempo-fuera sin usar más de 10 palabras o 10 segundos. (Capítulo 9)

___ 7. Ponga el cronómetro para que la alarma suene a los ____ minutos, y colóquelo en un sitio cercano donde su niño pueda oírlo. (Capítulo 10)

___ 8. Espere hasta que el cronómetro suene. No le preste ninguna atención a su niño mientras espera que la alarma suene. (Capítulo 10)

___ *9. Después de que el timbre haya sonado, pregúntele al niño porqué estuvo en tiempo-fuera. (Capítulo 11)

* Estos dos pasos no son indispensables.

Los pasos a seguir en el uso del tiempo-fuera y el cálculo de la cantidad de minutos son siempre los mismos, independientemente de lo que su hijo haya hecho. Además de ser efectivo en la modificación de la conducta, el tiempo fuera de refuerzo es fácil de usar. De hecho, a diferencia de otros métodos disciplinarios, usted descubrirá que, cada vez que use el tiempo-fuera, éste le resultará más fácil de aplicar.

Antes de comenzar a usar el método de tiempo-fuera asegúrese de recompensar con frecuencia la buena conducta de su hijo. Además, evite recompensar accidentalmente la mala conducta en la que usted aplicará el tiempo-fuera.

En el capítulo 4 usted aprendió a seleccionar la conducta problema en la que piensa aplicar el tiempo fuera de refuerzo. Use el tiempo-fuera en esta conducta cada vez que ésta ocurra y no sólo cuando usted se haya enojado. Si usted está usando el tiempo fuera de refuerzo correctamente, deberá manifestarse una disminución notable de la mala conducta dentro de las dos primeras semanas.

No empiece a usar el tiempo-fuera hasta después de haber leído los capítulos 7 al 11. Estos capítulos describen cada paso del tiempo-fuera y dan ejemplos. Además las instrucciones que se dan en estos capítulos están adaptadas a la edad de su hijo.

Asismismo, lea el capítulo 12 antes de usar el tiempo-fuera. En este capítulo se tratan los "Errores y problemas más comunes que los padres suelen encontrar en la aplicación del tiempo-fuera". Confinar a su hijo en su cuarto no es lo mismo que usar el tiempo-fuera.

## Recuerde Estos Puntos Principales

- Use el tiempo-fuera y el método 10-10. Ponga a su hijo en tiempo-fuera usando no más de 10 palabras y en 10 segundos.

- La duración del tiempo-fuera es de un minuto por cada año de la edad de su hijo.

- Siempre use un cronómetro portátil con alarma y colóquelo cerca pero fuera del alcance de su hijo. La alarma del cronómetro, y no su voz, le indicarán a su hijo que puede salir del tiempo fuera de refuerzo.

- Siga los "Pasos básicos en el uso del tiempo-fuera".

## Capítulo 7

# Cómo escoger un lugar aburrido para el tiempo fuera de refuerzo

*"Apuesto a que mi hermana está afuera, divirtiéndose..."*

El baño es un buen lugar para poner en tiempo fuera de refuerzo a niños entre cinco y doce años.

El lugar ideal para el tiempo-fuera es un rincón aburrido o una habitación en la que su hijo no reciba ninguna atención tanto de parte suya como de cualquier otro miembro de la familia. Es preferible un lugar de acceso rápido al que su hijo pueda llegar en 10 segundos.

¿Cuál es el mejor lugar de la casa para el tiempo-fuera? Recorra las distintas dependencias de su casa y elija el cuarto que sea más aburrido y sin peligros – un lugar en el que no haya nada interesante que hacer.

El lugar que elija dependerá de la edad de su hijo. Una silla grande destinada al tiempo-fuera será el sitio mejor para los niños entre dos y cuatro años. El niño entre cinco y doce deberá quedarse en una habitación separada.

**Características de los lugares que son efectivos para el tiempo-fuera**

- No es el dormitorio del niño.
- No es la sillita del niño, la cama o un sofá.
- Es un lugar aburrido para el niño.
- Es un lugar sin gente, separado del resto de la familia. (Por cuestiones de seguridad, mantenga a los niños pequeños dentro de su vista).
- Es un lugar sin juguetes, juegos, televisión, estéreo, mascotas o cualquier objeto interesante.
- Es un lugar seguro, bien iluminado y que no inspira miedo.
- Es un lugar accesible, al que se puede llegar dentro de los 10 segundos.

TODD ESTÁ EN TIEMPO FUERA DE REFUERZO

*"¡Buáááh! ¡No lo haré más! ¡Me quiero bajar!..."*

Una silla grande con el respaldo recto es un buen lugar para poner en tiempo fuera de refuerzo a niños entre dos y cuatro años. Esta ilustración está basada en una fotografía que le tomé a mi hijo Todd cuando tenía dos años después de ponerlo en tiempo-fuera.

## Lugares de tiempo-fuera que son más apropiados para poner a niños entre dos y cuatro años.

Si su hijo tiene entre dos y cuatro años el lugar ideal para el tiempo-fuera es una silla grande con respaldo recto. Esta es menos peligrosa que usar un cuarto separado para el tiempo-fuera. Una silla grande es aburrida, poco atractiva, de fácil acceso y limita la actividad y movimiento de su hijo. Además, su tamaño hace difícil que su hijo se baje con rapidez. Un niño enfadado podría arrojar una silla pequeña pero no podrá con una silla grande.

No use una mecedora, la sillita del niño, el sofá, el reclinador, el corralito o la cama de su hijo como lugares para el tiempo-fuera. Si lo pone en cualquiera de estos lugares, el tiempo-fuera será menos efectivo en la modificación de la conducta.

Usted puede poner la silla de tiempo-fuera en la habitación en la que usted está, en el cuarto de al lado, o en el pasillo. Vigile a su hijo por su propia seguridad pero mírelo de reojo sin hacer contacto visual directo. No le hable ni lo consuele mientras está en la silla de tiempo-fuera. Su objetivo es que su hijo sienta que

ERRORES QUE LOS PADRES COMETEN EN EL USO DEL TIEMPO-FUERA DE REFUERZO

*"¡El tiempo-fuera no es tan malo como parecía!"*

¿Cuántos errores en la aplicación del tiempo-fuera puede encontrar en esta ilustración?

lo está ignorando mientras está cumpliendo su tiempo-fuera. No permita que él lo pesque mirándolo mientras está en tiempo-fuera. Un modo de evitar darle atención accidentalmente es pretender que está leyendo una revista o el diario.

Con rapidez alce a su hijo pequeño y colóquelo en la silla de tiempo-fuera. Luego ubique el cronómetro haciendo tic-tac a unos centímetros de la silla. Después de que el timbre suene, baje a su hijo de la silla y dígale que ya puede salir. El capítulo 12 le explica lo que puede hacer si usted piensa que su hijo tratará de "escaparse" del tiempo-fuera.

Permita que su hijo se siente o arrodille en la silla, pero no lo deje que se pare o salte o deje que sus pies toquen el suelo. Algunos niños tienen rabietas cuando están en la silla. Por lo tanto no es aconsejable poner la silla cerca de la pared u otros objetos de valor, a una distancia que el niño los pueda patear o golpear. Si le preocupa que su hijo se pueda caer de la silla, colóquela sobre una alfombra mullida.

Algunos padres ponen la silla de tiempo-fuera en un rincón del cuarto, de cara a la pared y hacen que el niño mire a la pared. Le recomiendo no hacerlo. No le exija al niño pequeño o en edad pre-escolar que mire a la pared pues esto demandará un esfuerzo continuo de su parte para mantenerlo en esa posición. Mantenerlo obligado a mirar a la pared le exigirá muchísima atención de parte suya. Además exigir que su hijo pequeño mire a la pared es demasiado drástico. En cambio, déjelo que mire a donde él quiera pero exíjale que se siente o se arrodille sobre la silla.

No permita que su hijo lleve juguetes, muñecos, o mascotas al lugar de tiempo-fuera. Tampoco podrá ver televisión desde el lugar de tiempo-fuera. Dígales a su hermano o hermana que no lo molesten o le hablen mientras está en tiempo-fuera. Adviértales que si lo hacen tendrán que ir ellos mismos a tiempo-fuera en un lugar separado.

Tal vez su hijo lo llame desde su silla, pidiendo atención y consuelo, o le diga que es una "mamá mala", o la amence con "irse de la casa". Ignórelo activamente, ni le conteste ni haga contacto visual con él. Contestarle o hacer contacto visual son formas de atención y reducen la eficacia del tiempo-fuera. Resista el sentirse culpable o despreciable mientras que su hijo está sentado en la silla. Después de todo ¡el tiempo-fuera sólo durará de dos a cuatro minutos!

Algunos padres prefieren poner a su niño pequeño directamente sobre el piso o en un rincón tranquilo de la habitación o en un pasillo casi vacío en vez de usar una silla para el tiempo-fuera. Un lugar específico en el suelo puede ser un buen sitio para el tiempo-fuera si su hijo ha aprendido a quedarse en un solo lugar. Sin embargo, indíquele el lugar preciso en el que deberá sentarse.

UN LUGAR DE TIEMPO-FUERA EN EL PISO

*"Este cronómetro deber estar roto. Parece que nunca va a sonar..."*

Un lugar en el suelo puede ser sitio efectivo para el tiempo-fuera para niños pequeños.

## Lugares más adecuados para poner en tiempo-fuera a niños entre cinco y doce años

A aquellos niños que tienen entre cinco y doce años se los debe poner en tiempo-fuera en una habitación separada. A diferencia del niño pequeño que necesita estrecha vigilancia, es menos peligroso dejar a un niño mayor solo en un lugar específicamente destinado al tiempo-fuera de refuerzo. Deje que su hijo camine libremente por el cuarto, y no cometa el error de exigirle que se siente en un determinado lugar.

En una casa hay varios lugares que son apropiados para el tiempo-fuera como por ejemplo el baño, el lavadero, la habitación de los padres, un cuarto de servicio vacío o el pasillo. Comúnmente, el baño es el mejor lugar para el tiempo-fuera, aunque esto pueda resultar incómodo para el resto de la familia. Sin embargo, convivir con un niño problemático puede causar molestias todavía mayores. Al principio su hijo parecerá disfrutar jugando con el agua o haciendo avioncitos con las toallitas faciales. A menudo, su hijo le dirá que tiene ganas de ir al baño mientras está en tiempo-fuera. No hay problema pues, ¡ya está en el baño! El baño es un lugar efectivo para tiempo-fuera para niños entre cinco y doce años.

Algunos niños dicen que les gusta el tiempo-fuera o que no les importa con la intención de desanimar a sus padres para que no lo usen. Luego de estar varias veces en tiempo-fuera los niños se cansan, especialmente si no reciben ninguna atención de sus padres.

TIEMPO-FUERA EN LA HABITACIÓN DE LOS PADRES

*"¿Por qué será que mi papá me mandó aquí? ¿Sólo porque tuve una rabieta?..."*

Antes de empezar a usar el tiempo-fuera, prepare la habitación elegida para tal fin. Además de ser un lugar aburrido y sin objetos interesantes, debe ser un lugar seguro. Todo lo que pueda ser peligroso: objetos de vidrio o cortantes, medicamentos, artículos de limpieza que contienen sustancias tóxicas deben retirarse de la habitación. Después de que su hijo se haya calmado y adaptado al tiempo-fuera, usted podrá regresar los objetos a la habitación. Ubique el cronómetro a varios centímetros de la puerta, fuera del cuarto pero lo bastante cerca como para que su hijo pueda oír el tic-tac y el timbre cuando suene.

## No use el dormitorio de su hijo

Aunque el dormitorio de su hijo parezca el lugar más "cómodo" para el tiempo-fuera, no es el más apropiado. El lugar del tiempo-fuera deber ser aburrido, sin nada interesante para ver o hacer. Para ser eficaz cuando use el tiempo-fuera, resista la tentación de usar el dormitorio del niño como lugar para el tiempo-fuera por más conveniente que le parezca.

ERRORES QUE LOS PADRES COMETEN EN EL USO DEL TIEMPO-FUERA

*"¡Su hija parece disfrutar del tiempo-fuera en su propio dormitorio!..."*

Después de que haya ido a la habitación elegida para el tiempo-fuera, su hijo puede hacer lo que quiera en tanto no desordene o destruya nada. Puede sentarse, pararse o caminar por el cuarto. Si desordena, desparramando cosas por el cuarto o derramando agua, tendrá que limpiarlo. Si daña algo, deberá ayudar a pagarlo. El capítulo 12 describe métodos efectivos para el manejo de aquellos niños que se rebelan contra el tiempo fuera de refuerzo.

## Recuerde Estos Puntos Principales

- El lugar del tiempo-fuera tiene que ser aburrido, sin atractivo alguno, de fácil acceso y seguro.

- Para niños entre dos y cuatro años use una silla grande de respaldo recto como lugar de tiempo-fuera. No use la sillita del niño o una mecedora.

- Para niños entre cinco y doce años use un cuarto separado para el tiempo-fuera.

- Nunca use el dormitorio del niño como lugar para el tiempo-fuera. No funcionará. Mandar al niño a su habitación no es lo mismo que ponerlo en tiempo-fuera.

- Siempre use un cronómetro portátil y ubíquelo fuera del alcance de su hijo. La alarma del cronómetro, y no su voz, le indicará a su hijo que su tiempo-fuera ha terminado.

## Capítulo 8

# Cómo explicarle a su niño el tiempo fuera de refuerzo

*"...y cuando suene la alarma puedes salir del tiempo-fuera".*

Mamá y papá están explicando qué es el tiempo fuera de refuerzo.

Una vez que usted ya haya seleccionado la mala conducta que quiere mejorar y haya elegido el lugar aburrido para el tiempo-fuera le explicará el tiempo-fuera a su hijo y a usted le restará esperar a que la mala conducta elegida ocurra.

Explique el procedimiento del tiempo-fuera cuando ambos, usted y su hijo, estén serenos. Haga lo posible para que usted y su esposa lo expliquen juntos. Su niño necesita saber que tanto usted como su esposa demandan que él siga las reglas sobre el tiempo-fuera. También deberá saber de qué manera debe ir al lugar de tiempo-fuera y permanecer allí hasta que suene la alarma. A menudo, los niños cooperan más cuando se usa un cronómetro portátil que les indica cuándo pueden salir del tiempo-fuera.

Comiencen diciéndole a su hijo que lo aman, describan cómo su conducta ___________ le está causando problemas a él y a su familia entera y comuníquenle que cada vez que esa conducta ocurra lo pondrán en tiempo-fuera. No le pregunten si está de acuerdo. Tal vez él escuche calladamente o intente discutir sobre el tiempo-fuera. No discutan ni debatan sus derechos, como padres, a ponerlo en tiempo-fuera. Use la expresión "tiempo-fuera" cuando hablen con él.

## Cómo explicar el tiempo-fuera a niños entre dos y cuatro años de edad.

Si su hijo tiene entre dos y cuatro años es mejor demostrarle que intentar explicarle el tiempo-fuera. Escuchemos cómo la mamá de Mariana le explica y demuestra el tiempo-fuera.

La mamá le demuestra el tiempo-fuera a Mariana

Mariana tiene tres años, cuando se enoja con otros niños los amenaza con morderlos y, de hecho, en ocasiones los muerde. Mamá, papá y Mariana están en la cocina, sentados a la mesa.

Madre: *"Mariana, tu papito y yo te amamos y por eso queremos ayudarte. ¿Recuerdas cuando ayer te enojaste con José? Actuaste como si estuvieras por morderlo. Pues bien, morder es contra las reglas."*

Mariana: *"¿Puedo tomar una Coca-Cola?"*

Padre: *"Sí, después, prontito, pero primero queremos hablar sobre el asunto de morder y sobre cómo vamos ayudarte a dejar de morder. Si muerdes o amenazas con morder tendrás que sentarte en una silla. Tendrás que ir a tiempo-fuera y no podrás bajarte hasta que suene la alarma. Cuando suene la alarma de este cronómetro, recién entonces podrás bajarte de la silla".*

Mariana: *"¿Puedo tomar la Coca-Cola, ahora?"*

Madre: *"En un minuto. Te voy a mostrar qué es lo que pasará cuando muerdas (la mamá alza a Mariana y la pone en una silla alta en el rincón de la cocina). Cuando mamita te ponga aquí tienes que quedarte aquí. Te puedes sentar o arrodillar pero no te puedes parar. ¡No te puedes bajar de la silla o te verás en un gran aprieto! Tienes que quedarte allí hasta que suene la alarma (el padre hace sonar la alarma). ¿Oíste la alarma? Eso quiere decir que ya te puedes bajar. Ya puedes salirte del tiempo-fuera (la madre alza a Mariana y la baja de la silla). Esto es el tiempo-fuera".*

Mariana: *"¿Me vas a dar una Coca-Cola ahora?"*

Madre: *"Sí, ahora puedes tener tu Coca-Cola. Pero recuerda, cuando muerdas o amenaces con morder a alguien, mamita o papito te sentarán en la silla del tiempo-fuera. Te tendrás que quedar allí hasta que suene la alarma".*

Obviamente Mariana no estaba prestando atención a la explicación de sus padres y la demostración del tiempo-fuera. Los padres de Mariana le explicarán el tiempo-fuera otras dos veces antes de comenzar a usarlo. Sin embargo, Mariana aprenderá qué es el tiempo-fuera cuando lo experimente un par de veces, después de que haya mordido o amenazado con morder a alguien.

Los padres de Mariana también pueden demostrar el tiempo-fuera usando una de sus muñecas o animalitos de peluche. Pueden alzar la muñeca y colocarla sobre la silla. Cuando suene la alarma del cronómetro pueden poner la muñeca otra vez en el suelo y decirle: "Ahora puedes volver a jugar". Demostrar el tiempo-fuera con una muñeca o un juguete es mi modo preferido de enseñar qué es el tiempo-fuera a un niño pequeño.

## Cómo explicar el tiempo-fuera a niños entre los cinco y doce años de edad

Si su hijo es mayor de cuatro años también tendrán que explicarle el tiempo-fuera y practicarlo varias veces.

Cuando le expliquen a su hijo el tiempo-fuera, no esperen que se entusiasme con el plan. Es posible que se oponga o trate de darles "razones lógicas" justificando que ustedes no lo manden a tiempo-fuera. Tal vez les diga: “El tiempo-fuera es algo estúpido” o “Soy demasiado grande para el tiempo-fuera eso es para nenes. Pongan a mi hermanito en tiempo-fuera”.

Al comienzo, las primeras veces que aplique el tiempo-fuera se preguntará si su hijo va a cooperar yendo al tiempo-fuera y quedándose allí hasta que la alarma delcronómetro suene. Recuerde que debe usar un cronómetro para que él sepa cuándo puede salir del tiempo-fuera. Si usted aprende a usar el tiempo-fuera correctamente, la resistencia de su hijo no será difícil de manejar. El Capítulo 12 describe lo que usted puede hacer si piensa que su hijo se rebelará contra el tiempo-fuera. En este capítulo también se le advierte de los nueve errores que comúnmente se cometen en el uso del tiempo-fuera.

## Recuerde Estos Puntos Principales

- Descríbale el tiempo-fuera a su hijo.
- Dígale a su hijo que lo ama y que una de sus conductas en particular está causando problemas a la familia, por lo tanto, cuando usted vea esa conducta lo pondrá en tiempo-fuera.
- No se sorprenda si actúa con indiferencia cuando usted le esté explicando el tiempo-fuera.
- Si tiene entre dos y cuatro años, demuéstrele el tiempo-fuera varias veces con una muñeca o un juguete.

Capítulo 9

# Cómo aplicar rápidamente el tiempo-fuera

*"¡No quiero ir a tiempo-fuera! ¡No quiero ir otra vez!..."*

Rápidamente lleve a su hijo de tres años a tiempo-fuera.

Este capítulo le enseñará los pasos exactos que debe seguir al poner a su hijo en tiempo-fuera. Es importante que lo ponga con prontitud. Hacerlo rápidamente reduce la posibilidad de que él se resista. También aumenta la efectividad de este método de disciplina.Usted quiere que su hijo vea la conexión inmediata que hay entre la mala conducta y la experiencia desagradable del tiempo-fuera. No regañe a su hijo mientras lo pone en tiempo-fuera.

A esta altura, usted ya ha seleccionado un lugar aburrido para el tiempo-fuera, le ha explicado a su hijo de qué se trata y ha esperado a que la mala conducta ocurra. Después de que su hijo se comporte de manera inaceptable siga los pasos básicos del tiempo-fuera descriptos en el cuadro siguiente: "Cuatro pasos rápidos en el uso del tiempo-fuera".

**Cuatro pasos en el uso del tiempo-fuera después de que la conducta seleccionada haya ocurrido.**

1. Mande o coloque a su hijo en tiempo-fuera usando no más de 10 palabras y 10 segundos.

2. Busque el cronómetro portátil y ponga la alarma calculando que suene un tiempo equivalente a un minuto por cada año del niño. Ubique el cronómetro a una distancia lo bastante corta como para que el niño la pueda oír. (Capítulo 10)

3. Espere a que la alarma suene — no le hable o preste ninguna atención a su hijo mientras espera. (Capítulo 10)

4. Después de que la alarma haya sonado, pregúntele a su hijo por qué estuvo en tiempo-fuera. (Capítulo 11)

Siga estos cuatro pasos con niños que tienen entre dos y doce años. Es posible que usted necesite practicar para adquirir experiencia antes de seguir los pasos rápidamente. Hay padres que tienen la tendencia natural a regañar a sus hijos antes de ponerlos en tiempo-fuera. Esto es un error. Al regañar, discutir, hablarle o consolar a un niño antes de ponerlo en tiempo-fuera usted le está dando la oportunidad para que devuelva el regaño, discuta, o se enfade y demore en ir al tiempo-fuera.

¿Qué es lo que usted anticipa que su hijo hará o dirá para persuadirlo de que no lo mande a tiempo-fuera? La mayoría de los niños tratan de manipular a los padres para que no los manden a tiempo-fuera. Con frecuencia protestan, negocian, le echan la culpa a otros niños, piden perdón, actúan con indiferencia, suplican, tienen una rabieta o hacen algo para tratar de forzar a los padres para que no los manden a tiempo-fuera. Ignore todos los comentarios y muestras de emociones. Permanezca sereno y ponga inmediatamente a su hijo en tiempo-fuera. Sea benévolo con su hijo y con usted mismo, mándelo rápidamente a tiempo-fuera. Use no más de 10 palabras y 10 segundos. Descubrirá que el tiempo-fuera se aplica con más facilidad cuando lo usa correctamente.

## Cómo poner en tiempo-fuera a los niños entre dos y cuatro años

*"Por escupir te vas a tiempo-fuera"*

Amanda, de tres años, estaba empezando a aquirir el mal hábito de escupir o amenazar con escupir cuando se enojaba con otros niños. Mientras peleaba con su hermana por un muñeco, Amanda usó nuevamente su arma preferida: escupir.

La mamá le dijo inmediatamente: "Te vas a tiempo-fuera por escupir". Rápidamente, la mamá levantó a Amanda sosteniéndole por detrás, cruzó la habitación con ella en brazos y la sentó en una silla grande de respaldo recto. Amanda le contestó: "¡No quiero estar en tiempo-fuera, perdóname mamà, no lo voy a hacer más!..." La mamá, ignorando las promesas de su hija de no escupir más, no le respondió y simplemente la dejó sentada en su silla de tiempo-fuera.

¡Felicitaciones a la mamá de Amanda que al poner a su hija en tiempo-fuera siguió correctamente los pasos básicos! Lleve a sus hijos de dos y tres años a la silla de tiempo-fuera. Son demasiado pequeños para ir solos con rapidez. Algunos niños de dos y tres años patean cuando se los lleva al tiempo-fuera, por eso se le recomienda que los levante por la espalda. En la primera página de este capítulo se ha ilustrado cómo levantar al niño pequeño por la espalda. A su hijo de cuatro años lo puede guiar físicamente mientras camina hacia su tiempo-fuera. Nunca trate de consolar o ser cariñoso mientras lleva a su hijo al tiempo-fuera. Manténgase firme, ponga cara de "esto no es broma" y dígale en 10 palabras o menos la razón por la que se lo pone en tiempo-fuera.

## Cómo poner en tiempo-fuera a niños entre cinco y doce años

A los niños mayores se los manda al tiempo-fuera y deben ir al lugar por sí mismos. Dé una orden efectiva cuando mande a su hijo al tiempo-fuera. Cuando la conducta problema ocurra, camine con él y mírelo con cara seria, manteniendo el contacto visual. Dé una orden directa y señale el lugar del tiempo-fuera. Estudie la ilustración "Cómo mandar al niño mayor al tiempo-fuera". Después de que haya mandado a su hijo al tiempo-fuera coloque el cronómetro al lado de la puerta, fuera del cuarto

Diga sólo dos cosas cuando manda al niño mayor al tiempo-fuera. Primero, describa brevemente la mala conducta que su hijo demostró o indique la regla que quebrantó. Diga por ejemplo: "¡Acabas de responderme con insolencia!" o "¡Pegar es contra las reglas!" Segundo, ordene a su hijo a que vaya al tiempo-fuera. Diga: "Te vas a tiempo-fuera" o "Te vas a tiempo-fuera inmediatamente". No diga nada más. Ahora puede ser un buen momento para revisar la sección del capítulo 2 que indica "Cómo dar órdenes efectivas".

La mayoría de los niños entre cinco y doce años aprenden a obedecer cuando se los manda a tiempo-fuera con claridad y firmeza. Si usted anticipa que su hijo se rehusará a ir a tiempo-fuera, estudie el Capítulo 12 — "Errores y problemas comunes en la aplicación del tiempo-fuera". El Capítulo 12 ofrece soluciones específicas en los casos en que el niño se rebela contra el tiempo-fuera.

Los pasos básicos en el uso del tiempo-fuera son siempre los mismos independientemente de lo que su hijo haya hecho para merecer tiempo-fuera. Para ser más eficaz en el uso del tiempo-fuera siga las reglas que se explican en este libro y adquiera experiencia usando el método.

## COMO MANDAR AL TIEMPO-FUERA AL NIÑO MAYOR

### 1. RESPUESTA INSOLENTE

*"No tengo por qué hacer mi cama o limpiar mi cuarto. ¿Por qué tengo que hacerlo, eh? ¡No voy a hacer nada!"*

### 2. SEÑAL DE TIEMPO-FUERA

*"Tiempo-fuera por responder con insolencia".*

### 3. SEÑALAR EL TIEMPO-FUERA

*"Te vas inmediatamente al tiempo-fuera".*

Use gestos y un máximo de 10 palabras para mandar a su hijo a tiempo-fuera de manera rápida y efectiva. Señale en dirección al lugar de tiempo-fuera mientras que mira a su hijo directamente a los ojos.

Para indicar el comienzo del tiempo-fuera, algunos padres usan el gesto de la letra "T" con las manos.

Asegúrese de limitarse a 10 palabras y 10 segundos cuando manda a su hijo al tiempo-fuera.

Cuando comience a usar el tiempo-fuera le ayudará el revisar ocasionalmente lo capítulos de este libro. También será de gran ayuda el conversar sobre cómo responde su hijo al tiempo-fuera, ya sea con su esposa, o con otra persona que aprecie a su hijo.

## Recuerde Estos Puntos Principales

- Los pasos básicos en el uso del tiempo-fuera son siempre los mismos.

- Ponga a su hijo rápidamente en tiempo-fuera usando no más de 10 palabras y 10 segundos después de que la conducta problemas haya ocurrido.

- *Lleve* al tiempo-fuera a su hijo entre dos y cuatro años. Busque el cronómetro.

- *Mande* al tiempo-fuera a su hijo mayor. Busque el cronómetro.

Capítulo 10

# El cronómetro portátil y la espera en el tiempo-fuera

ESPERANDO "IMPACIENTEMENTE" A QUE SUENE LA ALARMA

*"¡Buáááah... me quiero bajar!... ¡Ya no eres mi mejor amigo!... ¡Mi papito es malo, muy malo!... ¡Quiero a mi mamita!... ¿Nadie me quiere? ... No me gusta el tiempo-fuera... ¡Buáááááh!*

Ver a su hijo enfadado y perturbado es algo molesto. Le sorprenderá lo que el niño puede llegar a decir mientras está en tiempo-fuera, hasta puede escandalizarlo. Ambos esposos necesitarán darse apoyo mutuamente en estos "tiempos difíciles:. Después del tiempo-fuera dé a su hijo toda la atención que quiera.

Después de haber puesto a su hijo en tiempo-fuera ponga la alarma del cronómetro calculando que dure un minuto por cada año del niño. Luego coloque el cronómetro lo suficientemente cerca como para que él pueda oír la alarma. Deberá esperar a que suene la alarma para poder salir del tiempo-fuera. Mientras el cronómetro hace tic-tac no le preste a su hijo ninguna atención.

## Un minuto por cada año del niño

La edad de su hijo determinará cuánto tiempo pasará en tiempo-fuera. En el capítulo 6 usted aprendió que el cálculo para la duración del tiempo-fuera es de un minuto por cada año del niño. Si su hijo tiene dos años ponga la alarma del cronómetro para que suene a los dos minutos de haberlo puesto en tiempo-fuera. Si tiene doce años, ponga la alarma a los doce minutos. ¡No ponga a su hijo en tiempo-fuera por más tiempo que un minuto por año!

Hay padres que cometen el error de permitir que su enojo por la mala conducta del niño determine la duración del tiempo-fuera. ¡No cometa este error! Siempre déle un minuto por cada año cuando lo ponga en tiempo-fuera. Sólo cuando su hijo se rebele contra el tiempo-fuera tendrá que pasar más tiempo de lo habitual. El modo efectivo de manejar las rebeldías de su hijo contra el tiempo-fuera se describe en el capítulo 12.

## Dónde poner el cronómetro portátil

Ponga el cronómetro fuera del alcance de su hijo pero dentro de una distancia suficientemente corta como para que él lo pueda oír — a unos cinco o diez pies del lugar de tiempo-fuera (unos tres metros). El piso es un buen lugar para el cronómetro. Para los niños que suelen atacar el cronómetro, colóquelo completamente fuera de su alcance. Su hijo aprenderá a oír la alarma que le indicará cuando puede salir del tiempo-fuera. Aprenderá a depender de la alarma y no de que usted le indique cuándo puede salir del tiempo-fuera. No es necesario que su hijo vea la cara del cronómetro, aunque si lo hace, no hay problema. Sólo es necesario que oiga el tic-tac y cuando suene el timbre de la alarma. Por supuesto nunca permita que su hijo sostenga o juegue con el cronómetro.

## Por qué el cronómetro portátil es esencial

El usar un cronómetro portátil le ayuda a que usted sea coherente, organizado y justo cuando usa el método de disciplina del tiempo-fuera. Ponga el cronómetro a unos cinco o diez pies del lugar donde ha puesto a su hijo en tiempo-fuera. *No use el cronómetro de su cocina u horno de micro ondas.* Siempre va a ser necesario que lleve el cronómetro portátil al lugar del tiempo-fuera.

Su hijo tiene que poder oír la alarma del cronómetro. *Es el cronómetro, y no el padre, el que anunciará al niño cuando puede salir del tiempo-fuera.* Un cronómetro es esencial pues ayuda a eliminar cualquier conflicto de poderes entre usted y su hijo. *Siempre use un cronómetro cuya alarma pueda sonar.*

UNO DE LOS ERRORES QUE LOS PADRES COMETEN AL DISCIPLINAR— NO USAR UN CRONÓMETRO PORTÁTIL

*"¿Mamá puedo salir ahora? ... ¿Ya pasó el tiempo necesario?"*

Su hijo la llamará con frecuencia si usted no usa un cronómetro portátil. Este es un error muy común.

## Razones para usar un cronómetro portátil

- Su hijo se rebelará menos contra el tiempo-fuera. Un cronómetro portátil visible y audible le mostrará que pronto se acabará el tiempo-fuera. Los cronómetros portátiles son "rescatadores de niños".

- Los cronómetros portátiles son "rescatadores de padres". Cuando se usa un cronómetro los niños cesan de preguntarles a los padres cuándo pueden salir del tiempo-fuera. Los padres tendrán más paz y serenidad cuando usen el cronómetro.

- Los cronómetros audibles y portátiles pueden usarse en cualquier parte, en el piso de arriba, en el de abajo y en ciertas ocasiones afuera o lejos del hogar. Ponga a su hijo en tiempo-fuera y luego busque el cronómetro.

- No se puede molestar o manipular un cronómetro para que suene más temprano. Los padres sí pueden ser molestados y manipulados.

- Su hijo aprenderá que el expresar emociones intensas durante el tiempo-fuera no le ayudará a acortarlo.

- El cronómetro portátil le permite que usted elija el mejor lugar para el tiempo-fuera. No elija un lugar para el tiempo fuera basándose en la cercanía a un reloj de pared o artefacto de cocina con reloj.

- Con frecuencia los niños desplazan su enojo hacia sus padres proyectándolo en el cronómetro portátil.

- El cronómetro no se olvida de levantar el tiempo-fuera. Algunas veces los padres se olvidan que los niños están en tiempo-fuera.

- ¡No será tiempo-fuera auténtico si usted no usa el cronómetro portátil!

- ¡Si usted quiere que su hijo aprenda a mejorar su conducta y a seguir reglas, usted debe ser capaz de hacer lo mismo!

ESPERANDO EN TIEMPO-FUERA

*"¡Estoy enojadísima! Mamá no debería haberme mandado aquí. Después de todo no le pegué tan fuerte a mi hermanita. Odio el tiempo-fuera. Me dan ganas de gritar y forzar a mamá y papá para que me dejen salir del tiempo-fuera... Me dan ganas de gritar tan fuerte como pueda sólo para fastidiarlos... o patear la puerta... o regar agua por todo el piso... o, mejor esperaré 10 minutos y luego miraré televisión".*

## Qué es lo que hacen los padres durante el tiempo-fuera

*Recuerde que su objetivo principal cuando pone a un niño en tiempo-fuera es evitar darle cualquier tipo de atención.* La mayoría de los padres necesitan quedarse en la misma habitación cuando ponen a su hijo de tres años en tiempo-fuera. Después de haber puesto a su niño pequeño en su silla de tiempo-fuera "ordénele" quedarse ahí y no decir una palabra más. Dése la vuelta y evite cualquier contacto visual. Cuando un niño pequeño tiene una rabieta en la silla de tiempo-fuera, hay padres que pretenden que están leyendo el diario o una revista para evitar darle al niño cualquier tipo de atención. Su hijo aprenderá a reconocer que usted lo está ignorando mientras él está en tiempo-fuera.

Si su hijo tiene entre cinco y doce años estará en una habitación separada para su tiempo-fuera lo cual le dará más tiempo para usted.

Si su hijo se rebela contra el tiempo-fuera, usted debe estudiar el Capítulo 12, "Errores y problemas comunes en la aplicación del tiempo-fuera". Este capítulo le ayudará a manejar respuestas poco cooperativas en el uso del tiempo-fuera.

Después de que suene la alarma y el tiempo-fuera haya acabado ¿qué debo hacer o decir a mi hijo? Continue leyendo. El próximo capítulo describe este último paso en el uso del tiempo-fuera.

## Recuerde Estos Puntos Principales

- *Un minuto por cada año del niño* es el cálculo de tiempo-cuando ponga la alarma del cronómetro.

- *Siempre use un cronómetro portátil que pueda sonar.* No use un reloj en su cocina u horno de micro ondas.

- Ponga el cronómetro fuera del alcance del niño pero a una distancia suficientemente corta como para que él lo pueda oír.

- Ignore a su hijo hasta que suene la alarma.

# Capítulo 11

# Cómo hablar con su niño después del tiempo-fuera

DESPUÉS DEL TIEMPO-FUERA

*"Estuve en tiempo-fuera porque maltraté a mi perrito... ¿Ahora, puedo ir a jugar afuera?"*

Este capítulo describe lo que usted debe decir y hacer después de que se haya cumplido el tiempo-fuera. Esté capítulo trata también sobre cuándo es más apropiado decidir si se necesita otro tipo de disciplina además del tiempo-fuera.

*El niño más pequeño, entre dos y ocho años debe decir por qué estuvo en tiempo-fuera.* Después de que oiga la alarma del cronómetro y salga del tiempo-fuera deberá decirle qué es lo que hizo o qué regla quebrantó para merecer tiempo-fuera.

*Los niños entre dos y tres años* con frecuencia se olvidan por qué se los puso en tiempo-fuera. Si su hijo tiene entre dos y tres años use el siguiente plan cuando suene la alarma. Dígale: *"La alarma acaba de sonar y ya puedes salir del tiempo-fuera"* .

Dígale en pocas palabras la razón por la que estuvo en tiempo-fuera. Pídale que repita la razón. Luego levántelo de la silla grande y póngalo en el piso. Dígale que ya puede ir a jugar.

Si su hijo tiene *cuatro años* aprenderá rápidamente a reconocer la alarma y bajarse de la silla inmediatamente.Enséñele a decirle por qué se lo puso en tiempo-fuera. Si le dice la razón correcta, reconózcaselo diciendo: "*Sí, ____________ fue la razón por la que estuviste en tiempo-fuera".* Esto es todo lo que necesita decirle. Por lo general se recomienda que no lo regañe ni le haga pedir perdón, o prometer que va ser bueno. A menudo, luego del tiempo-fuera, ni usted ni su hijo permanecen enfadados.

Si el niño pequeño no se acuerda de la razón por la que estuvo en tiempo-fuera o da una respuesta incorrecta explíquele porqué estuvo en tiempo-fuera. Luego de haberle explicado la razón, dígale: "*Ahora bien, voy a preguntarte otra vez. Dime por qué tuviste que ir a tiempo-fuera".* Continúe esta conversación hasta que él sea capaz de decirle porqué se lo puso en tiempo-fuera. Cuando esta conversación "después del tiempo-fuera" haya terminado, su niño puede salir del tiempo-fuera.

No insista en que su hijo le traiga el cronómetro después del tiempo-fuera si se resiste a hacerlo. Una insistencia de este tipo puede conducir a un conflicto de poderes que es innecesario.

*No insista en que el niño mayor, entre nueve y doce años le diga por qué estuvo en tiempo-fuera.* Por lo general, el niño mayor sabe porqué estuvo en tiempo-fuera. Forzarlo a que le diga porqué estuvo en tiempo-fuera con frecuencia acarrea un conflicto de poderes. Por lo tanto "elija sus batallas" y no insista en que el niño mayor, que por lo general se siente molesto y reacio después del tiempo-fuera, le describa la conducta problema.

Algunas veces, después del tiempo-fuera, algunos padres se dan cuenta de que el niño era "inocente" y no merecía el tiempo-fuera. Cuando esto suceda, discúlpese inmediatamente.

Algunos niños actúan obstinadamente y se quedan en tiempo-fuera después de que la alarma haya sonado. Si su niño se rehusa a salir de tiempo-fuera dígale: "*El tiempo-fuera ya ha terminado. Si te quieres quedar está bien. Si te quieres ir, puedes hacerlo.* No diga nada más, dése la vuelta y retírese. El Capítulo 12 “Errores y problemas comunes en la aplicación del tiempo-fuera” le indica cómo manejar la conducta del niño que se rebela contra el tiempo-fuera.

## Cómo decidir si se necesita una disciplina adicional

El tiempo fuera los separa a usted y a su niño y les da a ambos la oportunidad de serenarse. El tiempo-fuera por sí solo suele ser suficiente para corregir la mala conducta. De esta manera usted evita gritar, regañar, amenazar inútilmente o malhumorarse. Usted tiene a su alcance uno de los métodos más efectivos en la detención de la mala conducta.

Para ciertas conductas tal vez usted prefiera usar el regaño, las consecuencias naturales, las consecuencias lógicas o la sanción por la conducta además del tiempo-fuera. Estos métodos efectivos de corrección moderada fueron explicados en el capítulo 5. Por lo general, sucede que después de que su niño ha estado en tiempo-fuera y de que usted ha tenido la oportunidad de serenarse, considera que el tiempo-fuera fue suficiente corrección. Sin embargo, el momento correcto de decidir si necesita usar disciplina adicional es mientras su hijo está en tiempo-fuera.

Cuando su hijo se ha serenado y quiere hablar de su conducta problema, aproveche la oportunidad para hacerlo. Ayúdelo a pensar alternativas positivas. Esta discusión lo ayudará a mejorar la conducta.

## Recuerde Estos Puntos Principales

- Los niños entre los dos y ocho años de edad deben explicar por qué se los mandó a tiempo-fuera. Sin embargo, no los presione.

- Evite regañar a su hijo antes y después del tiempo-fuera.

- Por lo general, el tiempo-fuera, por sí solo, es corrección suficiente de la mala conducta.

- El mejor momento para decidir cuándo se necesita una disciplina adicional es mientras su hijo está en tiempo-fuera.

AYUDA PARA
SOS
PADRES

Capítulo 12

# Errores y problemas comunes en la aplicación del tiempo-fuera

*"¿Te arrepientes de lo que hiciste?... ¿Vas a portarte bien cuando se acabe el tiempo-fuera?..."*

Uno de los errores que los padres cometen con más frecuencia es hablar y discutir con sus hijos después de haberlos puesto en tiempo-fuera.

Si bien el tiempo-fuera es fácil de usar es también fácil cometer errores en su aplicación. *Este capítulo explica Nueve Errores Comunes que los Padres Suelen Cometer En La*

---

El Video "SOS Ayuda Para Padres" es un programa educativo en video para grupos de padres que desean mejorar sus destrezas en el manejo de la conducta. A veces algunos consejeros sugieren a los padres que miren la Primera Parte del Video. Este programa también ilustra y enseña las destrezas necesarias en el uso del tiempo fuera de refuerzo. Si desea más información remítase a las páginas al final de este libro. <http://www.sosprograms.com>

*Aplicación Del Tiempo-Fuera.* Estos errores reducen la efectividad que el tiempo-fuera tiene en la modificación de la conducta de su niño. El cometer estos errores hará que su hijo se rebele contra el tiempo-fuera.

Este capítulo ofrece también soluciones a problemas comunes en la aplicación del tiempo-fuera, como por ejemplo que su hijo rehúse a quedarse en tiempo-fuera. *Sin embargo, primero verifique que no está cometiendo ninguno de los Nueve Errores Comunes.*

## Nueve errores comunes que los padres cometen en la aplicación del tiempo-fuera.

Error #1 Le habla o se pone a discutir con el niño después de ponerlo en tiempo-fuera.

Forma correcta — *No preste ninguna atención a su hijo durante el tiempo-fuera*

Error #2 Le habla o se pone a discutir con su niño antes de ponerlo en tiempo-fuera.

Forma correcta — *Use un máximo de 10 palabras y 10 segundos para poner rápidamente a su hijo en tiempo-fuera.*

Error #3 Usa la sillita del niño, una mecedora o un sofá como lugar de tiempo-fuera para niños entre dos y cuatro años.

Forma correcta — *Use una silla grande de respaldo recto como lugar de tiempo-fuera para niños entre dos y cuatro años.*

Error #4 — Usa el cuarto del niño u otro sitio agradable como lugar de tiempo-fuera para niños entre cinco y doce años de edad.

Forma correcta — *Use el baño u otro lugar aburrido como lugar de tiempo-fuera para niños mayores.*

Error #5 — Mide el tiempo en su reloj pulsera, o usa el cronómetro de la cocina en vez de uno portátil.

Forma correcta — *Siempre use un cronómetro portátil con alarma y ubíquelo fuera del alcance de su hijo pero a una distancia suficientemente corta como para que él lo oiga.*

*ERRORES* QUE LOS PADRES COMETEN EN EL TIEMPO-FUERA

*"Se olvidó de poner el cronómetro"*

Error #6 — Obliga al niño a que pida disculpas o que prometa portarse bien después de que ha terminado su tiempo-fuera.

Forma correcta — *Después de acabar el tiempo-fuera su hijo puede decirle la razón por la que usted lo puso en tiempo-fuera.* Si no recuerda, usted le dice lo que hizo.

Error #7 — Amenaza al niño con ponerlo en tiempo-fuera en vez de hacerlo.

Forma correcta — *Nunca amenace con el tiempo-fuera si no piensa aplicarlo. Si la mala conducta elegida ocurre, aplique el tiempo-fuera*

Error #8 — Intenta avergonzar o atemorizar al niño con el tiempo-fuera.

Forma correcta — *Use el tiempo-fuera para aburrir a su hijo, no para avergonzarlo o atemorizarlo.*

Error #9 — Usa períodos de diferente duración, o muy largos o muy cortos como tiempo-fuera.

Forma correcta — *El tiempo-fuera debe durar un total de un minuto por cada año de la edad del niño.*

ERRORES QUE LOS PADRES COMETEN EN EL USO DEL TIEMPO-FUERA— SOLAMENTE AMENAZAR CON USARLO

*"Te dije cien veces que no te acercaras a la mesita de café. ¡Si te acercas una vez más te mandaré a tiempo-fuera!..."*

Asegúrese de realmente *usar* el tiempo-fuera y no tan sólo *amenazar* con él. Simplemente amenazar es uno de los errores comunes que se cometen.

## Si su hijo se rebela contra el tiempo-fuera

Asegúrese de no estar cometiendo ninguno de los *Errores Comunes. Si su hijo se resiste al tiempo-fuera, seleccione y siga el plan adecuado para su edad y la conducta rebelde en particular.*

En el caso de que su hijo se resista al tiempo-fuera, ¡usted estará preparado para manejar este problema! Cuando los padres usan el tiempo-fuera correctamente, la mayoría de los niños no se rebelan más allá de las dos primeras semanas. Tenga cuidado de no cometer ninguno de los nueve errores comunes en la aplicación del tiempo-fuera.

Si su hijo se ve evidentemente enojado y malhumorado cuando lo pone en tiempo-fuera, recuerde que tiene varias razones para mostrar enojo y rebeldía. Quiere atraer su atención, castigarlo por ponerlo en tiempo-fuera, y forzarlo a que deje de usar el tiempo-fuera como método de disciplina. Resista los intentos de su hijo que trata de desanimarlo en sus esfuerzos de mejorar su eficacia como padre.

"ESCAPÁNDOSE" DEL TIEMPO-FUERA

*"¡Yo me voy de aquí!"*

"Escaparse" del tiempo-fuera puede ser un problema cuando usted comienza a usar el método. No obstante, este problema se puede solucionar.

Sus dos objetivos principales en el uso del tiempo-fuera son: el primero, inmediato, detener abruptamente una conducta inaceptable. El segundo, a largo plazo es ayudar a su hijo a que desarrolle una mayor auto-disciplina y auto-control. El tiempo-fuera es particularmente efectivo en el alcance de estos dos objetivos.

Usted ama a su hijo y es natural que se incomode cuando él se siente infeliz. Por lo tanto, es recomendable que usted y su esposo/a se den mutuamente el apoyo emocional necesario en caso de que su hijo se sienta infeliz o se ponga difícil de controlar después de que se lo haya puesto en tiempo-fuera.

Los padres deben seguir pautas específicas para manejar la resistencia al tiempo-fuera, basadas en la edad del niño, . Si su hijo tiene *entre dos y cuatro años de edad*, seleccione el plan para manejar la conducta rebelde indicado en la primera parte de esta sección . Si su hijo tiene *entre cinco y doce años de edad* seleccione el plan que está en la última parte de esta sección.

> ***"Si todo lo demás falla, siga las siguientes instrucciones... ¡use un cronómetro portátil!"***

## Cómo manejar a los niños de dos a cuatro años que se rebelan contra el tiempo-fuera.

Rebelión #1 **Demorarse o rehusarse a ir al tiempo-fuera.**

Plan — Rápidamente lleve al niño entre dos y cuatro años a la silla de tiempo-fuera, aun a aquellos que no se resistan al tiempo-fuera. La mayoría de los niños de cuatro años con el tiempo aprenderán a caminar al tiempo-fuera por sí mismos.

Rebelión #2 **Hacer ruido mientras está en tiempo-fuera**. Tal vez su hijo lo llame, llore o tenga una rabieta en la silla de tiempo-fuera.

Plan A — Ignórelo. Dése la vuelta y evite todo contacto visual mientras está en tiempo-fuera. El ruido que hace mientras está en tiempo-fuera disminuirá notablemente si usted lo ignora consistentemente.

Plan B — Si su hijo tiene entre tres y cuatro años dígale que si continúa haciendo ruido agregará un minuto en el cronómetro. Si hace ruido mientras la alarma está sonando, agregue uno o dos minutos más al tiempo-fuera.

Comentarios — El hacer ruido es, por lo general, la única clase de conducta rebelde que continúa por varias semanas o aún más. Recuerde que con estos ruidos su hijo está tratando de forzarlo a dejar de usar el tiempo-fuera.

Rebelión #3 **"Escaparse" de la silla de tiempo-fuera.** Su niño se baja de la silla de respaldo recto y sale corriendo.

Plan A — Busque a su hijo y vuelva a ponerlo en la silla. Párese junto a la silla y ordénele firmemente que se quede en la silla. Dígale: *"¡No te atrevas a bajarte de esa silla!"* Si sigue trantando de escaparse, considere estos planes alternativos.

Plan B — Coloque su mano firmemente sobre la pierna o el hombro de su hijo y no lo mire. Ordénele que se quede en la silla. No diga nada más.

Plan C — Arrodíllese detrás de la silla de tiempo-fuera y sostenga a su hijo en la silla. Cruce sus brazos sobre el pecho y sosténgalo por las muñecas. Asegúrese de usar una silla grande de tiempo-fuera y un cronómetro portátil. Dígale que no lo sujetará más cuando el esté dispuesto a no tratar de escaparse. No diga nada más. Antes de empezar a usar este método usted debe estar decidido a ganar esta lucha de poder

Plan D — Sostenga firmemente a su niño sobre su falda y siéntese usted en la silla. Dígale a su hijo que usted comenzará a hacer funcionar el cronómetro cuando el deje de intentar escaparse. Usted tiene que estar firmemente decidido a ganar antes de comenzar este método.

Comentarios — Si ninguno de los planes descriptos más arriba resulta efectivo necesitará consultar con un consejero familiar sobre los modos en que puede ayudar a su hijo a mejorar su conducta. Remítase al Capítulo 22 "Cuándo y cómo conseguir ayuda profesional".

La mayoría de los niños se quedarán en la silla de tiempo-fuera cuando se les ordene. Cuando escaparse de tiempo-fuera es un problema, la mayoría de los padres observan que éste no dura más allá de la primera o segunda semana. Siempre use una silla grande de respaldo recto y un cronómetro portátil.

Rebelión #4 **No salir del tiempo-fuera después de que la alarma haya sonado.**

Plan — Dígale a su hijo que la alarma ha sonado y que puede bajarse de la silla o quedarse en ella si así o quiere. Luego use *ignorar activamente* y salga de la habitación.

Rebelión #5 **Después de haber salido del tiempo-fuera su hijo continua gritando y llorando.**

Plan — Si su niño de *dos o tres años* continúa gritando y llorando ruidosamente después de haber salido del tiempo-fuera, salga de la habitación y no le preste ninguna atención. Si su hijo de *cuatro años* continúa llorando ruidosamente o le habla con insolencia después de haber salido del tiempo-fuera, póngalo nuevamente en tiempo-fuera por unos minutos más. Haga esto sólo una vez.

Rebelión #6 **Después de haber salido del tiempo-fuera su hijo está enojado con usted pero no llora ni grita.**

Plan — Ignore su malhumor. No insista en que sea agradable después del tiempo-fuera. El niño tiene derecho a sus propios sentimientos.

Rebelión #7 **El niño se hiere intencionalmente mientras está en tiempo-fuera.**

Comentarios — Un niño que se hiere intencionalmente mientras está en tiempo-fuera seguramente ha manifestado esta misma conducta en otras ocasiones, cuando está enojado o se lo disciplina. El niño que se hiere a sí mismo cuando se lo castiga, ha aprendido "accidentalmente" esta conducta inaceptable. Esta conducta se puede cambiar pero usted tendrá que trabajar con un consejero familiar. Un consejero le puede dar sugerencias específicas adecuadas para su hijo.

## Cómo manejar la conducta de los niños entre cinco y doce años que se rebelan contra el tiempo-fuera

Rebelión #1 **Demorarse o rehusarse a ir al tiempo-fuera**. Su niño no va inmediatamente al tiempo-fuera o se niega a ir.

Plan — Si su hijo se demora o se resiste a ir al tiempo-fuera dígale que debe ir inmediatamente o tendrá que pasar minutos adicionales en tiempo-fuera. Por cada diez segundos que se demore, agregue un minuto en el cronómetro. *Silenciosamente* cuente de uno a diez para mantener el record de los segundos. Luego agregue hasta cinco minutos adicionales. Después de agregar cinco minutos adicionales en el cronómetro, adviértale a su hijo que va a recibir una *sanción por la conducta* (la pérdida de ciertos privilegios) si no va inmediatamente al tiempo-fuera. Después de haberle dado esta advertencia, cuente silenciosamente de uno a diez. Si no ha ido al tiempo-fuera antes de que usted haya contado hasta diez, anúnciele la sanción por la conducta y retírese. No cuente en voz alta ni se enoje o discuta. Simplemente salga de la habitación. Vea el Capítulo 5 para una descripción de ejemplos de penalidad por la conducta.

HACIENDO RUIDO EN TIEMPO-FUERA

*"¡Odio el tiempo-fuera!"*

Algunos niños tratan de rebelarse contra el tiempo-fuera haciendo ruido o teniendo una rabieta. ¡Permanezca sereno! Usted puede manejar este problema.

Rebelión #2 **Hacer ruido mientras está en tiempo-fuera.** Tal vez su niño lo llame constantemente, llore ruidosamente, de pisotones contra el piso y diga que odia a todo el mundo o tenga una rabieta completa.

Plan A — Ignórelo, mantégase alejado de la habitación del tiempo-fuera y no trate de calmarlo. No lo regañe, consuele, o le conteste. Asegúrese de no recompensarle con su atención la conducta de hacer ruido. El mejor modo de disminuir la conducta de hacer ruido es *ignorando activamente* — para retirarle completamente su atención niño.

Plan B — Agregue algunos minutos extra en el cronómetro por haber hecho ruido. Si su hijo sigue haciendo ruido cuando suene la alarma, vuelva a poner el cronómetro por dos minutos más.

Comentarios — Recuerde que el propósito de su hijo al hacer ruido es atraer su atención, enfadarlo, forzarlo a que deje de usar el tiempo-fuera. No se enoje ni lo regañe por hacer ruido, esto recompensa la conducta inaceptable. Simplemente ignórelo y agregue unos minutos extra cronómetro. Recuerde que debe usar un cronómetro portátil así su hijo no lo está llamando constantemente para “ver si ya puede salir del tiempo-fuera:.

Hacer ruido en tiempo-fuera es un tipo de conducta rebelde que puede continuar por un tiempo. Muchos padres se van a un lugar distante de la casa o del apartamento para evitar el ruido. Irse a otra parte de la casa hasta que el ruido cese es una buena idea ya que reduce su estrés y asegura que su hijo no reciba ninguna atención.

Rebelión #3 **“Escaparse” de la habitación del tiempo-fuera.** Su hijo sale de la habitación antes de que suene la alarma.

Plan — Por cada diez segundos que su hijo está ausente de la habitación se agrega un minuto al cronómetro hasta un máximo de cinco minutos adicionales. Si no regresa a la habitación o si se ausenta por más de dos minutos, recibe una *sanción por la conducta* (como por ejemplo no ver televisión por el resto del día). Trate de no enfadarse, anuncie la sanción por la conducta y salga de la habitación. No discuta con su hijo. Recuerde que debe cumplir con la sanción por la conducta que le prometió.

Comentarios — Escaparse del tiempo-fuera por lo general no es un problema y si llega a ser un problema, raramente dura más de las dos primeras semanas.

Rebelión #4 **Desordenar la habitación del tiempo-fuera**. Tal vez su hijo desparrame objetos por el cuarto o derrame agua en el piso.

Plan — Sea firme y exija que su hijo limpie el desorden que ocasionó, antes de salir de la habitación. No actúe como si estuviera desconcertado, ni lo regañe.

Comentarios — Recuerde que desordenar mientras está en tiempo-fuera es otro modo de castigarlo y forzarlo a que deje de usar el tiempo-fuera.

Rebelión #5 **Destruir la habitación del tiempo-fuera.**

Plan A — Su hijo debe limpiar la habitación y ayudar a pagar los daños. Un modo de hacerle pagar los daños es que haga más tareas en la casa. Tal vez usted necesite disponer de otro cuarto para el tiempo-fuera, uno que sea más seguro y difícil de destruir. Cualquiera que sea su decisión, no use la habitación del niño.

Plan B — Tal vez necesite reunirse con un consejero familiar y recibir ayuda profesional para determinar los métodos específicos que puedan ayudar a su hijo que pierde control cuando se lo disciplina. Remítase al Capítulo 22, "Cuándo y cómo conseguir ayuda profesional".

Rebelión #6 **No salir del tiempo-fuera después de que la alarma haya sonado o su hijo dice que "le gusta" el tiempo-fuera.**

Plan — Si su hijo no sale de tiempo-fuera después de que la alarma haya sonado dígale: "*La alarma sonó. Puedes salir si quieres o puedes quedarte si lo prefieres — haz lo que quieras*". De la vuelta y retírese de la habitación. No diga nada más. Hay niños inteligentes que a veces dicen que "les gusta" el tiempo-fuera. No los tome seriamente. Este es otro intento de manipularlo para que no use el tiempo-fuera.

Rebelión #7 **Después de haber salido del tiempo-fuera su hijo continúa gritando y llorando.**

Plan — Inmediatamente ponga a su hijo nuevamente en tiempo-fuera por tiempo completo.

Rebelión #8 **Después de haber salido del tiempo-fuera su hijo está enojado con usted, pero no grita ni llora.**

Plan — No insista en que su hijo esté contento después de salir del tiempo-fuera. Ignore su enojo. Recuerde que usted no debe verse ni actuar enfadado después de que el tiempo-fuera se haya acabado. Tampoco se "disculpe" por ponerlo en tiempo-fuera.

Rebelión #9 **Su hijo se hiere intencionalmente mientras está en tiempo-fuera.**

Comentarios — Un niño que se hiere intencionalmente mientras está en tiempo fuera seguramente ha manifestado esta misma conducta en otras ocasiones, cuando está enojado o se los disciplina. Su hijo está tratando de castigar o controlar a sus padres. Es muy importante que ayude a su hijo a superar esta conducta auto-destructiva. Probablemene necesite hablar con un consejero familiar que pueda hacer recomendaciones y sugerir un plan adecuado para su hijo. Lea el Capítulo 22: "Cuándo y cómo conseguir ayuda profesional".

## Recuerde Estos Puntos Principales

- Usado correctamente, el método de tiempo-fuera es efectivo y fácil de aplicar.

- Usado *incorrectamente*, el método de tiempo-fuera es ineficaz y difícil de aplicar.

- Asegúrese de no estar cometiendo ninguno de los *Nueve Errores Comunes en la Aplicación del Tiempo-Fuera*. El tiempo-fuera no será eficaz si usted está cometiendo estos errores.

- Si su hijo se rebela contra el tiempo-fuera, seleccione uno de los planes para manejar eficazmente la resistencia que se describieron en este capítulo. Recuerde que el plan debe ser apropiado para la edad de su hijo.

Tercera Parte

# Otras Maneras de Aplicar sus Destrezas en la Crianza de sus Hijos

Esta parte de SOS examina más métodos de ayuda para su hijo. Estudiaremos aquí las destrezas necesarias para manejar la mala conducta fuera de la casa, y cómo usar puntos, fichas y contratos entre padre e hijo para mejorar varias conductas.

Además se describen los pasos que se deben seguir para poner en tiempo-fuera a *dos niños o a un juguete*. Se pueden usar estas dos variantes del tiempo-fuera para reducir las conductas-problema de su hijo.

Aprenderá nuevas destrezas que lo ayudarán a manejar las conductas de su hijo que son agresivas y peligrosas. También se le enseñará a usar la *escucha refleja* para ayudar a su hijo a que comprenda, exprese y controle mejor sus sentimientos, emociones y conducta.

El capítulo final en esta parte busca soluciones a otros problemas infantiles como por ejemplo la hiperactividad y la reistencia a hacer las tareas. Este capítulo también enseña algunas destrezas adicionales para la crianza de los hijos, tales como *"ganarle al cronómetro"* y usar la *"silla de descanso"*.

¡Veamos ahora estas formas adicionales de ayudar a su hijo!

AYUDA PARA
SOS
PADRES

## Capítulo 13

# Cómo manejar la mala conducta fuera de la casa

*"¡Devuélvelas!"*

*"¡NO, SON MíAS!"*

La conducta molesta de un niño en un lugar público puede ser motivo de vergüenza y un problema difícil de manejar.

¿Alguna vez lo ha avergonzado la mala conducta de su hijo cuando están fuera de la casa? ¿Puede usted manejar sus quejas a los gritos o sus demandas constantes cuando están haciendo compras o visitando a los amigos? ¿Alguna vez se ha dicho: *"¡nunca más lo traeré conmigo!"*?

¡Hay esperanza para usted y su hijo! Usted puede mejorar la conducta embarazosa de su hijo fuera de la casa. Aplique los métodos que se describen en este capítulo y siéntase más seguro y confiado cuando visitan amigos y familiares, van de compras o visitan lugares juntos.

Para ser un padre eficaz es necesario estar bien preparado y equipado con una variedad de destrezas parael manejo conductual que son probadamente eficaces. Aquellos padres cuyas únicas destrezas son "regañar y rezongar", las usarán mucho en los viajes con sus hijos.

Comience con las destrezas que usted ya ha aprendido. Entre los métodos y destrezas que son especialmente importantes fuera de la casa están el fomentar y alabar frecuentemente la buena conducta y el evitar recompensar la mala. Considere usar de vez en cuando las consecuencias lógicas y la sanción por la conducta y algunas veces aplique el tiempo-fuera o variantes del mismo. Dé un rápido vistazo a los capítulos anteriores para revisar algunas de estas destrezas en la crianza de los hijos.

UN CRONÓMETRO DE BOLSILLO

Un cronómetro de bolsillo será de gran ayuda cuando viaje o visite a los amigos.

## En casa de familiares y amigos

Considere la edad de su hijo cuando planea visitas fuera de la casa y prepare a su niño para estas salidas. Dígale que lleve varios juguetes pequeños o libros para leer. Asegúrese de que tiene algo entretenido que hacer mientras usted conversa con los adultos. *Antes de salir de la casa explíquele a su hijo el tipo de conducta que tiene que mostrar.* Dígale cuál es la mala conducta contraria (como por ejemplo contestar insolentemente, enfadarse, gritar o chillar) que resultará en tiempo-fuera o en una sanción por la conducta en particular (por ejemplo: no ver televisión más tarde). Si se porta bien, elógiele la conducta inmediatamente o en el viaje de regreso a casa.

Use tiempo-fuera inmediato o "diferido" para ayudar a controlar la mala conducta fuera de la casa. *Antes de intentar usar el tiempo-fuera lejos de la casa, debe sentirse cómodo y ser consistente cuando lo usa en su propia casa, aun delante de sus huéspedes.* Además, su niño debe haber superado la etapa de rebeldía y estar ya cooperando con el tiempo-fuera.

Cuando esté fuera de casa déle a su hijo una advertencia antes de mandarlo a tiempo-fuera o decirle que se ha "ganado" tiempo-fuera. Tal como lo hace en su casa, déle un minuto por cada año de su edad. Consíga un cronómetro portátil de bolsillo para cuando esté lejos de su casa.

Luego de llegar a la casa de sus familiares y amigos, fíjese qué lugares pueden ser aburridos como para ser usados en tiempo-fuera. Cualquier lugar en el que no haya gente y actividades interesantes será suficiente.

PROBLEMAS QUE LOS PADRES TIENEN QUE AFRONTAR: CUANDO OTRAS PERSONAS INTERFIEREN CON SU DISCIPLINA

*"¡Socorro, abuela, mamá me quiere poner en tiempo-fuera!"*

A veces, sucede que algunos familiares y amigos interfieren cuando usted intenta disciplinar a su hijo en su presencia. Pídale a su esposa/o que lo apoye afectivamente para arreglárselas con estos familiares bien intencionados.

Hay padres que prefieren usar el asiento trasero de sus autos como sitio para el tiempo-fuera cuando están fuera de la casa, especialmente cuando su hijo es ruidoso durante el tiempo-fuera. Siente a su hijo en el asiento trasero y siéntese en el asiento delantero o párese al lado del auto. Si se para afuera del auto, asegúrese de que tiene consigo las llaves del auto. Ignórelo y asegúrese de que su hijo, no tiene consigo ningún juguete mientras está en tiempo-fuera.

En lo posible use el tiempo-fuera inmediato y no el diferido. El tiempo-fuera inmediato es más efectivo en reducir la mala conducta. Si no puede mandar a su hijo a tiempo-fuera inmediatamente, entonces use el diferido. *El niño deberá ir directamente a tiempo-fuera apenas llegue a la casa.* Asegúrese de que lo hace. *El tiempo-fuera diferido sólo debe usarse con niños que tienen de cuatro años para arriba.*

## En las tiendas, galerías comerciales y restaurantes

Cuando se prepare para una salida de compras, sea claro y específico cuando le dice a su hijo cómo quiere que se comporte. Cuando haga compras considere su edad. Sea razonable y considere cuánto tiempo espera que su hijo lo acompañe sin cansarse, quejarse o portarse mal.

En las galerías comerciales los bancos pueden convertirse en lugares excelentes para el tiempo-fuera. Haga que su hijo se siente en un banco. Si su hijo es mayor, busque otro banco para sentarse usted. Ambos se darán mutuamente un respiro y una oportunidad para descansar. En los restaurantes, como por ejemplo Mc Donald's, el niño mayor puede sentarse brevemente en una mesa separada.

La mayoría de los niños se sientan en tiempo-fuera calmadamente cuando están en público. No obstante, si su hijo llora ruidosamente, busque un lugar para el tiempo-fuera que este fuera de la tienda, como por ejemplo el asiento trasero de su auto. Tal vez usted prefiera usar el tiempo-fuera diferido en estas situaciones.

Cuando su hijo se porta mal en público, asegúrese de no recompesar accidentalmente la mala conducta y por consiguiente robustecerla. Un ejemplo de recompensa por la mala conducta es dejar que su hija se guarde la golosina que arrebató de los estantes mientras formaba fila para la caja de la tienda. Regresar a su casa anticipadamente porque su hijo lo quiere y lo demuestra con una rabieta, es otro ejemplo de recompensa por la mala conducta. De cualquier modo, recuerde que su hijo se cansa con facilidad. No haga su viaje de compras demasiado largo.

Recompense a su hijo si se comporta bien mientras están haciendo compras. Elógielo y prémielo con un chicle antes del salir de la tienda, pero hágalo sólo cuando se ha portado bien. Antes de salir de la galería comercial, déjelo que mire algo que le gusta, como por ejemplo los animalitos en la tienda de mascotas o los muñecos en la juguetería.

## En el auto

Tener que manejar el auto con el asiento trasero lleno de niños que se pelean ruidosamente es una experiencia desagradable. Esté preparado para la mala conducta y anticípese organizando tanto el auto como el viaje. Asegúrese de que todos (incluyéndose usted) usan el cinturón de seguridad. El usar el cinturón de seguridad reduce los problemas de conducta. El cinturón de seguridad evita que los niños se amontonen y empujen. De esta manera el viaje no sólo será más placentero sino también más seguro. En viajes largos, uno de los padres podría viajar en el asiento trasero para evitar que los niños se hostiguen mutuamente o jueguen de manera violenta. Díganles a sus hijos que elijan juguetes, libros, o juegos que puedan llevar al auto.

Antes de salir de viaje usted puede anticipar la posibilidad de que ocurra una mala conducta. Si sospecha que habrá problemas, dígale a sus niños por adelantado cuáles serán las consecuencias si se portan de manera inapropiada. Dígales también que recibirán una sola advertencia antes de recibir la consecuencia. Una consecuencia apropiada podría ser el tiempo-fuera diferido o una consecuencia lógica moderada como por ejemplo detener el auto por varios minutos hasta que la mala conducta cese. Detener el auto al lado del camino es sólo efectivo si se dirigen a un lugar al que los niños les interesa — como por ejemplo cuando van a nadar o al parque.

Cuando su niño tiene tiempo-fuera diferido, deberá irse al tiempo-fuera tan pronto como sea posible, por lo común cuando regrese a casa. Sin embargo, en un viaje largo, deberá cumplir con el tiempo-fuera tan pronto como usted haga una parada, por ejemplo en un area de descanso junto a la carretera. Su niño se quedará brevemente en el auto mientras el resto de la familia se baja. No obstante, usted deberá permanecer cerca del auto.

## Actividades al aire libre

En el parque, el zoológico, la piscina de natación, y los viajes de acampar es fácil usar inmediatamente el tiempo-fuera para manejar la conducta de su hijo. Señale un lugar seguro para que su hijo vaya a sentarse — un banco del parque, una roca grande, bajo un árbol, en el rincón del parque de recreativo o en la parte trasera del auto. El tiempo-fuera es fácil de usar y también efectivo si los padres lo siguen correctamente.

Si su hijo se porta mal cerca de su casa o apartamento, no será necesario que entre a la casa para el tiempo-fuera. Hágalo sentarse en un lugar específico, por ejemplo los escalones de la escalera de la entrada. Luego busque el cronómetro y póngalo a una distancia suficiente corta como para que él lo pueda oír.

## Recuerde Estos Puntos Principales

- Asegúrese de recompensar frecuentemente con atenciones y elogios la buena conducta de su hijo. Haga esto tanto en casa como cuando está fuera de ella.

- Planée las salidas con anticipación y tenga en cuenta la edad de su hijo.

- Antes de salir de su casa explíquele a su hijo la conducta que tiene que mostrar.

- En casa de amigos use el tiempo-fuera como lo hace en su propia casa.

- En lugares públicos considere el uso del tiempo-fuera inmediato o diferido o bien la sanción por la conducta.

# Capítulo 14

# Cómo usar puntos, fichas y contratos

*"Veamos, tienes un punto por ordenar tu habitación y otro por levantar la mesa después de la cena. ¡Me siento orgullosa de que hayas ganado estos puntos!..."*

A los niños les gusta esforzarse para ganar puntos. Cuando Susana consiga los puntos necesarios, los cambiará por una muñeca pequeña.

*Las recompensas materiales* (un juguete pequeño) y *las actividades que recompensan* (ir al parque) ayudan a motivar a los niños para que mejoren su conducta. Déle la oportunidad a su hijo para que gane fichas, puntos, o marcas para adquirir recompensas. Después de ganar un número determinado de puntos o fichas su hijo puede intercambiarlos por la recompensa que desea.

El ganar *fichas* motiva tanto a los niños como a los adultos. Si usted trabaja fuera de su casa, gana "fichas" (en forma de salario) que intercambia por recompensas (una pizza, zapatos nuevos) y actividades que recompensan (ir al cine o de vacaciones). Para ayudar a su hijo a que desarrolle una conducta o un hábito nuevos, a veces necesita ofrecerle algo más que un simple elogio o una atención. Una vez que la nueva conducta se haya establecido sólidamente, podrá suspender este programa de incentivos especiales.

Se pueden usar *recompensas de fichas* con niños entre cuatro y cinco años. Las *recompensas de puntos* son efectivas con niños entre seis y doce años. Los *contratos entre padres e hijos*, otro tipo de plan de incentivos especiales se pueden usar con niños de siete u ocho años y hasta la adolescencia. Veamos más de cerca de qué se tratan estos programas.

## Cómo ofrecer recompensas de puntos

Al planear un programa efectivo de recompensas de puntos para su hijo, siga los siguientes seis pasos :

1. Seleccione la conducta deseada.
2. Diseñe un *calendario de recompensas de puntos*
3. Escriba un *menú de recompensas*.
4. Mantenga un registro de los puntos ganados y usados.
5. Ajuste el programa de recompensas.
6. Suspenda el programa.

**1. Seleccione una o más conductas que usted quiere que su hijo mejore.** Indique con precisión y cuente las conductas que quiere incrementar, como por ejemplo, levantar la mesa después de cada comida.

Describa la conducta elegida preferentemente en términos positivos y no negativos. Por ejemplo, el Sr. y la Sra. Martínez le piden a Susana que "mantenga su habitación limpia" en lugar de decirle que "deje de tener una habitación desordenada". Ellos también han hecho una lista de otras conductas como, por ejemplo, vaciar la basura, cepillarse los dientes regularmente, etc.

**2. Diseñe un calendario de recompensas de puntos.** Escriba en este calendario las conductas que ha seleccionado. Escriba también allí la hora del día en que inspeccionará si la conducta ha ocurrido o no. Junto a cada conducta liste el número

## El calendario de recompensas de puntos para mejorar varias conductas de Susana

| PUNTOS GANADOS | | | | | | | |
|---|---|---|---|---|---|---|---|
| **Lista de buenas conductas (y los puntos posibles)** | **D** | **L** | **M** | **M** | **J** | **V** | **S** |
| Limpiar la habitación, inspección: 6:00 P.M. (2 puntos) | 0 | II | II | | | | |
| Levantar la mesa (en cada comida, 1 punto) | I | II | II | | | | |
| Vaciar la basura antes de las 6:00 P.M. (1 punto) | I | 0 | I | | | | |
| Cepillarse los dientes después de cada comida (1 punto) | II | I | III | | | | |
| Llegar a casa a tiempo después de la escuela (2 puntos) | 0 | 0 | II | | | | |
| Día entero sin rabietas (2 puntos) | 0 | 0 | II | | | | |
| | | | | | | | |
| TOTAL DE PUNTOS GANADOS | ~~IIII~~ | ~~IIII~~ I | IIII IIII IIII | | | | |

Este calendario lleva el registro de varias conductas durante una semana. Ponga un calendario nuevo para cada semana.

Al final de cada día sume el número total de puntos que su hijo ha ganado. Cuando su hijo use los puntos ganados, crúcelos con una rayita en el renglón inferior del calendario.

de puntos que su hijo podría ganar por tal conducta. Después de haber preparado este calendario, cuélguelo en un lugar visible si su hijo es pequeño. Por lo común, lo niños mayores prefieren que el calendario se guarde en un lugar más reservado.

**3. Escriba un menú de recompensas y cuélguelo cerca del calendario de recompensas de puntos.** El menú de recompensas es una lista de pequeñas recompensas materiales y de actividades que recompensan (privilegios) que su hijo desea. Pregúntele a él qué es lo que le gustaría. Susana dijo que le gustaría trabajar para ganarse un libro de historietas, una muñeca, una salida a McDonald's, etc.

## Modelo de Menú de Recompensas

Menú de recompensas

| Recompensa | Costo en puntos |
|---|---|
| *Libro pequeño* | *4* |
| *Salida a McDonald's* | *12* |
| *Papá jugará al tenis de mesa conmigo* | *4* |
| *Una bebida de la nevera* | *6* |
| *Un paquete de chicle sin azúcar* | *3* |
| *Hacer palomitas de maíz* | *9* |
| *Quedarme levantado hasta las 9:30 P.M. una noche de la semana escolar* | *7* |
| *Un viaje al parque* | *8* |
| *Un helado del congelador* | *6* |
| *Jugar con papá un juego de videos* | *4* |
| *Ir a buscar pizza* | *15* |
| *Un juguete poco costoso* | *30* |

Este menú enumera varias recompensas materiales y privilegios. También enumera cuántos puntos o fichas su hijo debe pagar por cada recompensa. Cuelgue este menú junto al calendario de recomepensas de puntos.

Después de que usted y su hijo hayan hecho una lista de posibles recompensas decida cuántos puntos va a costar cada una de ellas. No haga que las recompensas sean demasiado fáciles o difíciles de conseguir porque su hijo perderá el entusiasmo por el programa. Es mejor mantener un programa de recompensas de puntos usando pequeñas recompensas que no son costosas ni para su hijo ni para usted. Su hijo necesita la oportunidad de ganar recompensas frecuentemente.

**4. Mantenga un registro de los puntos que su hijo gana y usa.** Cuando su hijo gana puntos, anótelo en el calendario con entusiasmo. Déle muchos elogios por la buena conducta y los puntos que está ganando.

Aconseje a su hijo para que use los puntos en vez de acumularlos ya que de esta manera disfrutará más del programa. Después de que gaste un punto y reciba la recompensa, tache ese punto como ya usado.

**5. Haga las modificaciones necesarias para que el programa funcione cada vez mejor.** Guarde los calendarios viejos cuando sean reemplazados por los nuevos. Al mirar esos calendarios viejos usted y su hijo podrán apreciar todo el progreso que ha hecho en mejorar su conducta.

**6. Suspensión del programa.** No mantenga el programa de recompensas por tiempo indeterminado sino hasta que su hijo mejore su conducta. Dígale que el programa de recompensas le ayudó a mejorar su conducta y que usted está orgulloso de sus logros.

CÓMO DAR RECOMPENSAS DE FICHAS

Un frasco de plástico transparente es un buen lugar para que los niños pequeños guarden sus fichas.

Muchos niños de cuatro y cinco años prefieren ganar fichas en lugar de puntos porque pueden tocar, agarrar, y llevarse las fichas. Use fichas de póker, dinero de juguete, u otros objetos pequeños. No permita que su hijo agarre o juegue con ninguna ficha a menos que la haya ganado. Su hijo necesitará un envase — puede ser una jarra o vasito plásticos — para las fichas. Si tiene cuatro años, aconséjele que guarde el envase en un lugar especial para que sus fichas no se pierdan.

Debe seleccionar la conducta deseada y diseñar el menú de recompensas. Déle a su hijo fichas en lugar de puntos por la buena conducta.

EL CONTRATO ENTRE PADRES E HIJOS — UNA SOLUCIÓN EFECTIVA

*"Sí, prometo que le limpiaré la jaula cada semana y mamá y tú me permitirán tenerlo en mi habitación. ¡Firmemos el contrato ahora mismo!..."*

## Cómo redactar un contrato entre padres e hijos

*El contrato entre padres e hijos es un acuerdo por escrito entre usted y su hijo.* Ambas partes colaboran en la identificación del problema, discuten y negocian una solución, clarifican responsibilidades, firman el acuerdo y lo cumplen.

Los contratos se usan con niños que tienen al menos siete u ocho años para arriba. Estos instrumentos de resolución de problemas son útiles para las familias con adolescentes.

Piense en un problema que su familia está teniendo. Considere negociar un contrarto entre padre e hijo para resolverlo.

## Ejemplo de un contrato entre padres e hijos

CONTRATO

Yo, Pablo, me comprometo a: 1) Limpiar la jaula de mi conejillo de Indias cada sábado. 2) Pasar la aspiradora alrededor de la jaula cada sábado.

Nosotros, mamá y papá, nos comprometemos a: dejar que Pablo tenga la jaula del conejillo de Indias en su habitación. Si la jaula y el área que la rodea no están limpias cada sábado, entonces el conejillo de Indias volverá al garaje.

Fecha en que este contrato comienza: 13 de junio

Fecha en que este contrato termina: el contrato continua durante todo el tiempo en que el conejillo de Indias esté en la habitación de Pablo.

Fecha en que el contrato fue firmado: 13 de junio

Acordado entre:

Pablo ______________________
(Firma del niño)

Mamá ______________________
(Madre)

Papá ______________________
(Padre)

El contrato ayuda a las familias mediante la clarificación de acuerdos y responsibilidades. Si Pablo no limpia la jaula de su conejillo de Indias cada semana, como fue acordado, entonces el conejillo de Indias deberá volver al garaje.

## Al redactar y usar el contrato siga los siguientes cuatro pasos.

1. Identifique el problema
2. Negocie con su hijo una solución.
3. Redacte el acuerdo.
4. Firme el contrato y cúmplalo.

**1. Identificar el problema.** Los contratos por lo general se concentran en la resolución de un *problema claro y singular* que concierne a toda la familia como por ejemplo que Pablo tenga el conejillo de Indias en su habitación. Asegúrese de que el contrato no contenga expresiones vagas como por ejemplo: "mejorar la actitud". Los contratos se han usado con éxito en situaciones tales como motivar a los niños para que regresen rápidamente a casa después de la escuela o para que establezcan un horario para hacer la tarea escolar cada día. Negocie un contrato con su hijo antes de darle su nueva mascota. Es importante negociar contratos antes de recibir objetos que son potencialmente peligrosos como por ejemplo un rifle de balines, un equipo de tiro de arco o un juego de química. El contrato debe establecer que no podrá usar este objeto por un tiempo si lo usa con descuido.

**2. Negocie una solución con su hijo.** Trate de ponerse de acuerdo con su hijo sobre la solución y no forzarlo para que la acepte. Cuanto mayor sea su hijo, más eficaz será si él participa en la búsqueda de una solución. Esto implicará que usted use tanto las mejores ideas de su hijo como las suyas mismas.

**3. Redacte el acuerdo que han negociado.** El contrato debe decir qué es lo que usted ha acordado que va hacer y qué es lo que su hijo ha acordado que va hacer. Use un lenguaje claro y positivo para que su hijo pueda entender el contrato y se sienta animado a cumplirlo. Establezca las consecuencias que habrá si una de las partes no cumple con lo prometido. Incluya la fecha en la que el contrato terminará o cuándo tendrá que ser negociado nuevamente.

**4. Firme el contrato, cuélguelo y cumpla con sus responsibilidades.** Después de que cada uno haya firmado el contrato, cuélguelo en una pizarra o póngalo en un lugar en el que todos lo puedan encontrar. Si su hijo le dice que el contrato puesto en exhibición lo avergüenza frente a sus amigos, cuélguelo en un lugar más reservado o póngalo en una carpeta especial. Guarde todos los contratos en una carpeta con el título "Contratos Familiares".

## Recuerde Estos Puntos Principales

- *Las recompensas de puntos y fichas* pueden motivar a su niño a que mejore una variedad de conductas-problema.

- Su hijo puede seleccionar las recompensas materiales y los privilegios del *menú de recompensas*, después de haber ganado los puntos o fichas.

- *Los contratos entre padres e hijos* ayudan a resolver los problemas de familia especialmente los desacuerdos entre padres e hijos mayores.

SOS
AYUDA PARA
PADRES
Una Guía Práctica para Manejar Problemas
de Conducta Comunes y Corrientes
Lynn Clark, Ph.D.

## Capítulo 15

# Cómo poner en tiempo-fuera a dos niños simultáneamente

Las peleas entre hermanos y hermanas son uno de los problemas con los que los padres se enfrentan con más frecuencia.

Cuando *dos* niños se portan mal, no siempre es necesario saber quién empezó el problema o quién tiene la culpa. Simplemente mande a ambos niños a tiempo-fuera en lugares separados.

En este capítulo aprenderá por qué el método de *poner en tiempo-fuera a dos niños* es efectivo para manejar problemas de conducta entre niños. También se le explicará cuándo y cómo usar *el tiempo-fuera para dos*. Este método es más efectivo cuando se usa con niños que tienen al menos tres o cuatro años.

## Cómo reducir el conflicto entre los niños

Tiempo-fuera para dos

Andrés, de diez años y Angela, de nueve, estaban hostigándose y tomándose el pelo mutuamente. Su papá creyó que Andrés había comenzado el conflicto, y lo puso sólo a él en tiempo-fuera.

Luego del tiempo-fuera, el papá escuchó que comenzaba otra discusión entre Andrés y su hermana.

Angela: *"¡Andrés estuvo en tiempo-fuera...! ¡Ja, ja, ja, ja! Papá está de mi lado y te puso en tiempo-fuera".*

Andrés: *"¡Cállate! Tu tienes la culpa, eres tú la que empezó a tomar el pelo. ¿Quieres que te rompa la cara?*

Angela: *"¡Ja! ¡Atrévete! Eres un chiquilín. Mamá y papá ya saben que tú eres el que siempre empieza las peleas*

En este momento entra el padre, molesto con ambos niños.

Padre: *"¡Tiempo-fuera por pelear! ¡Angela, tú te vas al baño y Andrés al cuarto de atrás! ¡Se van inmediatamente!*

Felicitaciones al padre que ha caído en la cuenta de que se necesitan dos para pelear y que ha comenzado a entender que el tiempo-fuera para dos es más efectivo que corregir sólo a uno de los niños o tratar constantemente de resolver sus conflictos en forma personal.

Tomar el pelo, hacer gestos amenazantes, discutir a los gritos, hostigar, patear y golpear son algunos de los muchos problemas que los padres comúnmente encuentran.

A los niños les encanta tener la atención de los padres. Es posible que sus hijos estén aprendiendo a conseguir una atención considerable de su parte si discuten constantemente o se molestan mutuamente. Por supuesto que a usted le molesta oír y ver conflictos entre sus hijos. No obstante, si usted se pone en el medio y trata de manejar el desacuerdo, puede que "accidentalmente" esté recompensando a uno a ambos hijos por discutir constantemente.

¿Qué debe hacer como padre? Cuando sus niños están discutiendo y peleando entre ellos, trate de mandar a ambos al tiempo-fuera no importa quien haya comenzado.

*Las ventajas de poner a ambos niños en tiempo-fuera simultáneamente son tres. La primera*, usted no se pone del lado de ninguno en particular o determina quién tiene mayor culpa. *La segunda*, usted no recompensa accidentalmente el que estuvieran peleando al darle muchísima atención mientras trata de resolver el conflicto. *La tercera*, a ambos niños le disminuye la motivación para seguir con sus conflictos ya que ambos reciben la misma experiencia de tiempo-fuera, aburrida y desagradable.

## Cuándo y cómo usar el tiempo-fuera para dos

Como se dijo más arriba, el tiempo-fuera es efectivo en el manejo de problemas entre dos o más niños. Otro momento apropiado para usar el tiempo-fuera es cuando sus hijos se meten en líos *juntos*, aún cuando entre ellos se lleven bien. Supongamos que, después de varios regaños sus hijos siguen correteándose mutuamente por la casa, jugando a la mancha y dando portazos. Este sería un momento apropiado para poner a ambos en tiempo-fuera.

Revise la lista: "Malas conductas que merecen tiempo-fuera de refuerzo" en el capítulo 4. El tiempo-fuera para dos es apropiado para casi todas esas mismas conductas cuando dos niños se están portando mal juntos.

Antes de usar el tiempo-fuera para dos, se le recomienda que usted lo haya practicado en uno solo, de manera individual. Antes de poner a dos niños en tiempo-fuera, espere a que, efectivamente, ambos se estén portando mal.

Use inmediatamente el tiempo-fuera y el método de 10 palabras y 10 segundos. Dígale a ambos que vayan a lugares de tiempo-fuera separados. Asegúrese de que ninguno lleva juguetes al tiempo-fuera y de que no se pueden ver mutuamente mientras están en tiempo-fuera. Ponga el cronómetro portátil en un lugar en el que ambos niños puedan oírlo. Por supuesto, sólo podrá poner a más de un niño en tiempo-fuera si cada uno ya ha experimentado previamente el tiempo-fuera de manera individual.

¿Por cuánto tiempo deben quedarse en tiempo-fuera si, por ejemplo, uno tiene seis años y el otro diez? Ponga el cronómetro por ocho minutos ya que es el promedio de ocho. Siempre use un cronómetro portátil.

## Recuerde Estos Puntos Principales

- Considere el uso del tiempo-fuera para dos cada vez que dos niños peleen ya que "cuando uno no quiere, dos no pelean".
- Use el tiempo-fuera y el método de 10 palabras y 10 segundos para mandar a más de un niño a tiempo-fuera. Mándelos a lugares separados y ponga el cronómetro portátil por un tiempo que sea promedio de sus edades.
- Particularmente, en casos de problemas persistentes entre niños, el poner en tiempo-fuera a dos niños tiene grandes ventajas sobre otros métodos de disciplina.
- Cuando sus niños se están comportando de manera apropiada y llevándose bien el uno con el otro, recompénselos con mucha atención y muchos elogios.

Capítulo 16

# Cómo poner un juguete en tiempo-fuera en lugar de poner al niño

PROBLEMAS QUE LOS PADRES TIENEN QUE AFRONTAR

*"¡Es mío!"*

*"¡No, es mío!"*

Con frecuencia los juguetes son causa de problemas entre niños. Hay niños que golpean a otros niños con sus juguetes, o arruinan los muebles con ellos, o rehusan compartirlos con otros niños.

PONER UN JUGUETE EN TIEMPO-FUERA — UNA SOLUCIÓN EFECTIVA*

*"Papá puso nuestro juguete en tiempo-fuera otra vez...Es mejor que la próxima vez lo compartamos. Si no lo compartimos, ninguno va a poder jugar".*

Es posible que en el futuro, Javier y Liliana, posiblemente eviten pelear por el juguete y se inclinen más a compartirlo.

*Cuando usted pone un juguete u otro objeto en tiempo-fuera su hijo pierde por un rato el derecho a jugar con ese objeto. Este modo de tiempo-fuera que se aplica luego de la mala conducta de un niño respecto de un objeto, puede también llamarse *consecuencia lógica*. Las consecuencias lógicas ya se explicaron en el capítulo 5.

Este capítulo describe una variante muy útil del tiempo-fuera llamada *poner un juguete en tiempo-fuera* en lugar de poner a un niño. Los pasos correctos en el uso de este método de disciplina son fáciles de seguir.

Otras habilidades parentales y soluciones a los problemas de conducta que se tratan en este capítulo son *"cómo usar el cronómetro para turnarse"* y "poner las pertenencias personales en una Caja de los Domingos" cuando los niños dejan sus cosas desparramadas por la casa.

## Cómo detener la mala conducta y poner juguetes en tiempo-fuera

Los niños pasan muchísimo tiempo jugando con juguetes y otros objetos. Los juguetes les dan la oportunidad de aprender a socializar con otros niños y con sus padres.

Es aconsejable poner juguetes en tiempo-fuera en lugar de poner a su hijo pues éste es un método de disciplina que ayudará a su hijo a aprender un mayor autocontrol. Hay tres situaciones en las que a usted le convendrá poner un juguete en lugar de su hijo en tiempo-fuera: 1) Su hijo se porta mal mientras está jugando con algún juguete (como por ejemplo dañar los muebles con un juguete); 2) Dos niños discuten y molestan por un juguete en lugar de compartirlo; y 3) Dos niños se portan mal y su mala conducta tiene que ver con un juguete (jugar a arrojar un juguete que es caro y no se ha diseñado para tal propósito).

Se preguntará por qué es preferible poner un juguete en tiempo-fuera en lugar de su hijo. Mientras un niño está en tiempo-fuera pierde la oportunidad de aprender cosas nuevas y de ensayar una conducta que puede ser más satisfactoria y agradable. Usted no querrá que sus niños pasen demasiado tiempo en tiempo-fuera. Además, *cuando disciplina debe usar la corrección más moderada de todas y que al mismo tiempo sea efectiva en la modificación de la conducta*. Poner un juguete en tiempo-fuera en lugar de al niño es una corrección más moderada que poner al mismo niño. Poner juguetes en tiempo-fuera le da una alternativa efectiva en el uso del tiempo-fuera y un modo adicional de respaldar sus advertencias.

## Pasos que se deben seguir al poner juguetes en tiempo-fuera

¿Cómo se pone un juguete u otro objeto en tiempo-fuera? Use *el método de tiempo-fuera de las 10 palabras y 10 segundos.* Cuando su hijo se porta mal con un juguete sáqueselo rápidamente y póngalo en tiempo-fuera. Al poner el juguete en tiempo-fuera no use más de diez palabras y diez segundos. Después de haber puesto el juguete en tiempo-fuera, dígale a su hijo por qué lo hizo. Sea breve y evite regañarlo.

No le pida a su hijo que ponga él mismo el juguete en tiempo-fuera. Usted lo hará más rápido y así evitará una posible lucha de poderes. Siempre use el cronómetro portátil que le dará la señal a su hijo para que sepa cuándo puede volver a jugar con ese juguete. Las razones para usar un cronómetro portátil cuando se pone un juguete en tiempo-fuera son básicamente las mismas que cuando se pone a un niño. Revise el capítulo 10 donde se explican "Las razones para usar el cronómetro portátil.

Cuando lo niños tienen entre dos y tres años, ponga el juguete fuera de su alcance y en un lugar que sea visible para usted. Luego busque el cronómetro y póngalo por un tiempo corto, por lo general entre dos y cinco minutos. Ponga el cronómetro haciendo tic-tac cerca del juguete así su hijo lo puede ver. Diga, por ejemplo, *"golpeaste la mesa con este juguete por eso lo pongo en tiempo-fuera"*. Anúnciele que el juguete puedrá salir de tiempo-fuera tan pronto como la alarma haya sonado. Cuando suene la alarma repítale por qué el juguete tuvo que ir a tiempo-fuera y luego devuélvaselo a él. No le pida que se disculpe por su mala conducta o le haga prometer que será bueno en el futuro.

Cuando los niños tienen cuatro años o más por lo general no es necesario poner el juguete fuera de su alcance. Simplemente dígale: *"¡Tiempo-fuera para (nombre al objeto)! ¡No lo toques!* Busque el cronómetro, póngalo por diez o quince minutos y ubique el cronómetro junto al juguete. Luego dígale a su hijo por qué puso el juguete en tiempo-fuera.

## Poner juguetes y otros objetos en tiempo-fuera: una solución a ciertos problemas persisentes — Ejemplos para los padres

| Conducta Problema | Una Solución* |
| --- | --- |
| 1. Dos hermanas, de diez y trece años de edad siguen discutiendo sobre qué programa de televisión van a ver. Repetidamente llevan sus quejas a la mamá y le piden que intervenga para resolver el problema. | 1. La mamá apaga el televisor, pone el cronómetro por diez minutos y lo ubica junto al televisor. Si es, necesario repite este procedimiento. |
| 2. Alejandro, de cuatro años, una y otra vez anda en triciclo cerca de la calle a pesar de las advertencias de su padre de no hacerlo. | 2. El papá pone el triciclo en tiempo-fuera en el garaje por veinte minutos. |
| 3. Daniel y su amigo, ambos de cuatro años, se derrumban mutuamente las construcciones de ladrillitos y se amenazan con arrojarse ladrillitos uno a otro. | 3. La mamá de Daniel pone el cronómetro por diez minutos y lo pone junto a la pila de ladrillitos. La mamá también le explica qué es el tiempo-fuera al amigo de Daniel. |
| 4. Estela se queja varias veces de que su hermano no quiere turnarse en el juego de video. | 4. El papá apaga el juego de video y pone el cronómetro por diez minutos. Si es necesario, repetirá este procedimiento un par de veces. |

*Por supuesto, son los padres los que deben decidir qué conductas problemas son lo bastante serias como para merecer una corrección moderada como poner un juguete en tiempo-fuera. Hay otras maneras de manejar los problemas que se enumeraron más arriba sin que se use el tiempo-fuera. No obstante, poner un juguete en tiempo-fuera es algo rápido, efectivo y fácil de usar.

## Más soluciones para los padres

- Enseñe a su hijo a *turnarse* usando el cronómetro portátil.
- Use la *Caja de los Domingos*
- Use *Distracción*, para niños muy pequeños.

Enseñe a su hijo a *turnarse* usando el cronómetro portátil. Los cronómetros miden el tiempo con precisión y son justos con todos los niños.

Por ejemplo, si sus dos hijos tienen dificiultad en compartir el nuevo juego de videos, siéntese con ellos y ayúdelos a practicar la conducta deseada (turnarse). Que cada niño ponga el cronómetro por cinco minutos y juegue el juego de videos hasta que la alarma suene. El niño que esté jugando cuando suene la alarma debe cederle el turno al otro niño. El otro niño pone el cronómetro por cinco minutos y comienza su turno.

Siga ayudándoles a que usen el cronómetro para turnarse hasta que esté seguro de que ambos niños han entendido el procedimiento. Si prefieren seguir peleando por el juego de video, ponga el juego de video en tiempo-fuera. Esto los motivará a cooperar.

Con frecuencia se hace difícil lograr que los niños recojan sus juguetes, zapatos, ropa, discos, y otros objetos diseminados por el piso y desparramados por la casa. Use la *Caja de los Domingos* para las pertenencias que están fuera de lugar.

Ubique la caja con el nombre *Caja de los Domingos* en la sala de la casa o en cualquier otra dependencia que usted quiera libre de amontonamientos. Ponga el cronómetro junto a la caja. Anuncie a toda la familia que cuando la alarma suene usted pondrá todas las cosas que están fuera de lugar en esa caja. Los objetos se guardarán allí hasta el domingo, día en que se los devolverá a sus dueños. No les dé más advertencias ni los regañe. Después de que la alarma haya sonado, recoja todos los objetos fuera de lugar, póngalos en la caja, y guarde la caja en el armario. Nadie podrá tocar los objetos o la Caja de los Domingos hasta el día domingo.

Cuando vea a sus niños pequeños, de dos o tres años, discutiendo y molestando por un juguete, considere el uso de la *distracción*. Atraiga su atención o reoriente su interés hacia otro juguete u actividad. Por lo común, uno de los niños dejará de lado el juguete o la actividad anterior para probar algo nuevo. Consiguientemente, tendrán otra oportunidad para jugar cooperativamente o separados. A la mayoría de los niños pequeños se los puede distraer fácilmente.

Cuando su hijo juega bien con los demás, recompénselo con su elogio, aprobación y atención. Los niños pequeños necesitan mucho *estímulo*, a ellos les encantan las *palabras de elogio* por la buena conducta.

## Recuerde Estos Puntos Principales

- Cuando la mala conducta de su hijo involucra un juguete, use el método de las 10 palabras y los 10 segundos para poner el juguete en tiempo-fuera.

- *Poner juguetes en tiempo-fuera* le da a usted una alternativa efectiva en lugar de poner a su hijo.

- Enseñe a su hijo a *turnarse* en el uso de un juguete o en una actividad poniendo el cronómetro portátil.

- Use la *Caja de los Domingos* para poner los juguetes y otras pertenencias fuera de lugar.

## Capítulo 17

# Cómo controlar la conducta agresiva y peligrosa

*"¡Socorro! ¡Socorro!"*

Detenga inmediatamente toda conducta peligrosa. Luego de detener la conducta, use varios modos efectivos de disciplina.

La conducta agresiva del niño tiene muchas motivaciones. Puede ser que un niño trate de hacer daño a otro porque está enojado o molesto, porque quiere salirse con la suya, o porque quiere controlar y dominar a otra persona. Quizás quiera impresionar a otros niños. No obstante, los padres debemos detener cualquier tipo de conducta que amenaza o hiere a otros.

Los niños que son agresivos presentan un alto porcentaje de conductas física y verbalmente agresivas, tanto con los miembros de la propia familia, como con otros niños (incluyendo compañeros de la escuela), con otros adultos (incluyendo los maestros), con animales y pertenencias propias o ajenas. Este tipo de niños son rápidos en golpear, empujar, patear, morder, escupir, hostigar, atormentar, intimidar, tener rabietas, arrojar objetos, y llorar. Algunos niños *ocasionalmente* presentan este tipo de conductas, pero el niño agresivo *a menudo* presenta *muchas* de estas conductas.

Los niños agresivos corren un alto riesgo de convertirse en adolescentes y adultos inadaptados. Como adultos, con frecuencia tienen dificultades en las relaciones sociales, y familiares. Suelen tener problemas en el trabajo y a menudo no saben cómo evitar conflictos con la policía y las autoridades.

Al desobedecer reglas importantes de seguridad o experimentar exponiéndose a situaciones peligrosas, el niño agresivo puede correr grandes riesgos. Por ejemplo, puede montar el triciclo en una calle muy transitada, jugar con fósforos, o acercarse demasiado a un equipo peligroso.

## Cómo manejar la conducta agresiva y peligrosa

Sus objetivos en el manejo de la conducta agresiva y peligrosa son dos. Su primer objetivo es parar inmediatamente la mala conducta para proteger a su hijo y a los demás. Su segundo objetivo es manejar esta conducta de manera efectiva de manera que no tienda a repetirse. *Para alcanzar estos dos objetivos siga los siguientes pasos.*

**A. Pare la conducta, regáñelo brevemente y nombre la conducta inaceptable.** Luego de parar la conducta peligrosa, regáñelo breve y severamente y describa la mala conducta en particular. No empiece ninguna discusión o debate antes de mandarlo a tiempo-fuera. En voz alta y firme dígale: "¡No! ¡Nunca más... (nombre la conducta agresiva o el acto peligroso)!

**B. Ponga a su hijo en tiempo-fuera inmediatamente.** Mande pronto a su hijo a tiempo-fuera luego de haber detenido la conducta peligrosa. No se olvide de este paso importante y, por supuesto, use el cronómetro portátil.

Se estará preguntando: *"¿Acaso un niño agresivo va a cooperar yendo a tiempo-fuera?"* La respuesta es: *"¡SÍ!"* En el Capítulo 12 se explica cómo hacer que un niño rebelde coopere con el tiempo-fuera.

Si los niños implicados en la conducta peligrosa son dos y ambos son de alguna manera "culpables", use el "tiempo-fuera para dos". Cuando usted use el tiempo-fuera para dos no necesitará saber si uno es más culpable que el otro. Cómo poner en tiempo-fuera a dos niños se explicó en el Capítulo 15.

Mientras su hijo está en tiempo-fuera, prepárese para la "conversación después del tiempo-fuera". Ensaye mentalmente qué es lo que va a decir. Piense *porqué* su hijo se habrá comportado de manera impulsiva o peligrosa.

**C. Hable con él sobre su conducta agresiva o peligrosa.** El momento más oportuno para hablar es cuando el tiempo-fuera se haya terminado. Repítale a su hijo que lo que hizo era algo peligroso y agresivo. Explíquele por qué esa conducta es inaceptable. Luego pídale que le repita en sus propias palabras por qué lo que hizo era peligroso. En este momento, usted no le está pidiendo que se disculpe o que prometa no hacerlo nunca más. Simplemente le está pidiendo que *describa* lo que hizo.

Luego de que él haya descripto la conducta agresiva y peligrosa, pídale que describa varias maneras alternativas de comportarse en el futuro que sean seguras, sin riesgo.

Cuando su niño le haya dicho estas maneras alternativas de comportarse, elógielo. Apoye sus ideas, estimúlelo a que piense. Enséñele modos alternativos de solucionar problemas y de tratar a la gente difícil.

Si a su hijo no se le ocurre ningún modo alternativo y más seguro de comportarse, ayúdelo a encontrarlo. Si está enfadado y se rehusa a hablar, espere a que hable más tarde.

**D. Prosiga con una consecuencia lógica moderada o una sanción por la conducta.** Las consecuencias lógicas y la sanción por la conducta fueron explicadas en el Capítulo 5. Si su hijo es de contextura pequeña y agrede físicamente al pendenciero del barrio, probablemente reciba una *consecuencia natural*, como por ejemplo un ojo morado u otros moretones.

Si su hijo o hija usaron un juguete cuando se comportaron de manera peligrosa, es recomendable que ponga el juguete en tiempo-fuera por un tiempo relativamente largo.

**Pasos básicos para controlar la conducta agresiva o peligrosa — Lista de verificación para los padres**

_____ **Pasos que se deben seguir inmediatamente**

_____ 1. Detenga la conducta

_____ 2. Regáñelo brevemente y describa la conducta inaceptable.

_____ 3. Póngalo en tiempo-fuera inmediatamente

**Luego de que el tiempo-fuera haya terminado**

_____ 4. Pídale que le diga qué es lo que hizo que era agresivo y peligroso.

_____ 5. Ayúdelo a describir una o dos maneras de comportarse en el futuro que no son ni agresivas ni peligrosas. Recompénselo con elogios luego de que le haya nombrado estas maneras de comportarse.

_____ 6. Prosiga con una consecuencia lógica moderada o sanción por la conducta (Vea el Capítulo 5)

_____ 7. Use la *escucha refleja* si su hijo tiene ganas de hablar. (Capítulo 18)

María, de doce años, se divertía asustando a los niños más pequeños andando en bicicleta a gran velocidad, simulando que los iba a atropellar, para luego esquivarlos con una maniobra final. María nunca más repitió esta conducta peligrosa después de que su mamá guardó la bicicleta bajo llaves por dos semanas.

**E. Use la "escucha refleja" si su hijo tiene ganas de hablar.** Luego de que el tiempo-fuera haya terminado, conjeture en voz alta lo que su hijo debía estar sintiendo cuando se comportó de manera peligrosa. Pregúntele si, efectivamente, se sintió de esa manera. El próximo capítulo explica cómo "escuchar reflejamente" para ayudar a su hijo a que exprese sus sentimientos. Aquellos niños que aprenden a comprender sus sentimientos y a expresar sus frustraciones y enfados con palabras tienen un mayor control sobre sus conductas impulsivas y agresivas.

## Más ayudas para el niño agresivo

Aunque en el niño agresivo, la agresión es casi una respuesta "automática" al estrés y la frustración, ésta tiene también otro propósito. *Su agresión fuerza y coacciona a los demás para que le den lo que él quiere.* Cuando los demás se resisten a complacer sus exigencias o tratan de corregir su conducta agresiva, el niño agresivo, por lo general, se pone más belicoso y "fuera de control". El ponerse fuera de control es una de las maneras por las que los niños agresivos tratan de controlar a otros. Los niños agresivos acostumbran también a mentir y negar su responsabilidad por sus propias acciones.

El niño agresivo es generalmente *incumplidor*. Lo cual quiere decir que no cumple con las peticiones de sus padres y otros adultos — no hace caso ni obedece tanto como lo hacen otros niños. Sus rabietas son un modo de "entrenar a sus padres" para que dejen de pedirle que haga cosas que no quiere hacer.

Es difícil ayudar al niño agresivo — o más aún, tenerle afecto. Puede mantener a una familia o a una clase entera en un torbellino de ira. Tanto los padres como los maestros que tratan de ayudarlos tienen que luchar con sus propios sentimientos de ira y frustración para con este tipo de niños.

Al niño agresivo se lo puede ayudar y a veces su cambio puede llegar a ser radical. No obstante, esta ayuda exige mucho de los padres. Les exige mucho esfuerzo, paciencia, "seguimiento personal", cariño, y una aplicación coherente de los métodos de manejo conductual de SOS que se explican en este libro. Con frecuencia se hace también necesaria la ayuda profesional. En el capítulo 22 se explica cuándo y cómo se debe buscar ayuda profesional.

PROBLEMAS CON LOS TIENEN QUE AFRONTAR

*"Lo único que hice fue pedirle que sacara la basura. Supongo que no quiere hacerlo."*

El niño agresivo con frecuencia tiene rabietas cuando se le pide que haga algo que no quiere hacer.

Cuando el niño agresivo *actúa* agresiva y peligrosamente con los demás, siga detalladamente los "Pasos básicos para controlar la conducta agresiva y peligrosa" que se explicaron anteriormente. Cada vez que su niño amenace física o verbalmente use tiempo-fuera u otro método de corrección moderada como por ejemplo consecuencias lógicas o sanción por la conducta.

Asimismo, cuando el niño agresivo se comporta de manera no agresiva y obedece recompénselo con elogios y atención. Además, puede comenzar un plan de recompensas de puntos para ayudarlo a mejorar su conducta, tal como se explicó en el Capítulo 14. Permítale ganar puntos por cada mitad del día que ha pasado sin conductas agresivas. Luego de ganar los puntos, los podrá intercambiar por recompensas materiales o privilegios.

Muchos niños que son agresivos en casa, son también agresivos en la escuela. Coordine sus esfuerzos con los del maestro para reducir la conducta agresiva de su hijo. Estudie el capítulo 19 para aprender a colaborar efectivamente con el maestro de su hijo. Para poder reducir la conducta agresiva usted necesita una "estrategia" coordinada.

## Limite el tiempo que el niño agresivo pasa frente a modelos agresivos

Es particularmente importante que limite el tiempo que su niño se vea expuesto a modelos agresivos y violentos en las películas, la televisión, la música, los juegos de computadora, algunos deportes que son televisados (como por ejemplo lucha libre), y materiales impresos. Una exposición continua a estos modelos agresivos puede hacer que la conducta agresiva del niño se haga cada vez más difícil de cambiar.

Usted no quiere que su hijo aprenda un lenguaje grosero, conductas amenazantes, agresivas y violentas como modos de conseguir lo que quiere y solucionar problemas.

## Recuerde Estos Puntos Principales

- Use los "Pasos básicos para controlar la conducta agresiva y peligrosa" cada vez que vea que tal conducta ocurre.

- Limite enormemente el tiempo que su hijo pasa frente a modelos agresivos en las películas, la televisión, la música, los juegos de computadoras, y los materiales impresos. Esto es particularmente importante si usted está teniendo dificultades con la conducta agresiva de su hijo.

- Usted puede ayudar a que su *hijo agresivo* mejore su conducta mediante el uso de los métodos de manejo conductual de SOS.

AYUDA PARA
SOS
PADRES

# Capítulo 18

# Cómo ayudar a su niño a que exprese sus sentimientos

*"¿Así que te dijeron que no podías jugar porque eras una niña? ... Ahora entiendo por qué estás tan enojada y te sientes herida..."*

*"No se aceptan niñas"*

El descanso del padre en su sillón se acabó de un salto cuando su hija Sandra, de diez años, entró a la casa dando un portazo y marchó ruidosamente a su encuentro. Sandra, con su gorra y guantes de béisbol y el ceño fruncido le dijo: "¡Ya verán! ¡La próxima vez les voy a dar con mi bate!"

Padre: *"¿Qué es lo que pasó Sandra? Cuéntamelo".*

Sandra: *"¡Fui a jugar al béisbol y esos chicos malos no me dejaron jugar!"*

Padre: *"¿No te dejaron jugar?"*

Sandra: *"¡No! Me dijeron: 'No se aceptan niñas' y se rieron de mí".*

Padre: *"¿Dijeron que no podías jugar con ellos porque eras una niña?...Ahora sí entiendo por qué estás tan enojada y herida..."*

Sandra: *"Sí, me hicieron enojar. Y también hirieron mis sentimientos. Pensé que eran mis amigos."*

El papá de Sandra le dio apoyo emocional al preocuparse, escuchar y "reflejar" sus sentimientos. Al usar la técnica de "escuchar reflejamente", el papá le ayudó a comprender y manejar sus sentimientos de enojo. Se dio cuenta de que no sólo se sentía enojada, también se sentía herida y rechazada.

Aunque quisiéramos proteger a nuestros hijos de las desilusiones, frustraciones y conflictos con otros, no podemos tenerlos constantemente bajo nuestra protección. Lo que sí podemos hacer es ayudarlos a que entiendan y manejen mejor los sentimientos molestos que resultan de las experiencias desagradables. Cuando usamos la *escucha refleja* animamos a nuestros hijos a que expresen y compartan sus sentimientos con nosotros. *Escuchar "reflejamente" a su hijo es resumirle y describirle nuevamente, pero de manera distinta, tanto los sentimientos como la situación que pareciera haberlos provocado.**

Al compartir sentimientos desagradables con usted, su hijo se sentirá menos herido o agobiado por esos sentimientos. También logrará un mayor control sobre sus propias emociones y conducta y además tomará mejores decisiones cuando se enfrente con las pruebas y desilusiones de la vida diaria. Con la eschucha refleja mejorará la comunicación entre usted y su hijo y tendrán una relación más cercana.

¿Cuándo deben los padres comenzar a escuchar reflejamente a sus hijos? A partir de los tres años los niños ya se pueden aprovechar de la escucha refleja si sus padres usan

---

* Las situaciones y los eventos ciertamente influyen en los sentimientos. Sin embargo, lo que una persona se dice a sí misma sobre estos eventos (creencias irracionales, auto-instrucciones) tiene más influencia en los sentimientos.

palabras simples y son breves al responder. Los niños necesitan tanta ayuda como las niñas en la expresión de sus sentimientos. Cuando los niños y niñas pueden entender y manejar sus sentimientos, por lo general se convierten en hombres y mujeres mejor adaptados.

## Destrezas básicas necesarias en el método de la "escucha refleja"

La "escucha refleja" es una de las destrezas que atañen a la comunicación. Escuchando reflejamente usted ayudará a su hijo a que exprese mejor sus sentimientos al "reflejárselos", como en un espejo. *Siga estas cinco pautas cuando su hijo comience a compartir con usted sus sentimientos:*

**1. Acepte y respete todos los sentimientos de su hijo.** Demuéstreselo mediante una escucha atenta, silenciosa y libre de críticas. Por supuesto, no decimos que tiene que aceptar todas las *acciones y conductas* de su hijo, sino sus sentimientos. Su hija puede decirle cuán enojada está con su hermano pero no se le puede permitir expresar ese enojo hostigándolo o pegándole.

**2. Demuéstrele que está escuchando todo lo que él dice.** Su atención lo recompensa por expresar sus ideas y sus sentimientos. Deje de hacer lo que está haciendo, vuélvase hacia su hijo, mírelo a los ojos y escúchelo atentamente. Además, muéstrele que está atendiendo a sus palabras asintiendo con su cabeza y usando expresiones tales como: "Sí, ¡Ajá!, Mmmm..."

**3. Resúmale a su hijo qué es lo que usted le escuchó decir y qué es lo que usted piensa que él está sintiendo en ese momento.** Ocasionalmente, resuma el núcleo de lo que su hijo le está contando — tanto sus sentimientos como la situación que parece haber causado esos sentimientos.* No es suficiente escuchar y comprender. *Usted debe "reflejarle" lo que él está diciendo, pensando y sintiendo.* Esto se llama *escucha refleja* — un tipo de destreza que toma tiempo desarrollar.

Trate de no repetir exactamente las mismas palabras que usó su hijo. *Use palabras similares* que expresan lo mismo. Dígale, por ejemplo a su niño de tres años que se siente desilusionado: "Te sientes triste (sentimiento) porque esta vez no has podido ir con tu papito a la tienda (situación)".

Su hijo puede decir cosas que a usted lo molesten o atemoricen. Por ejemplo: *"¡En la escuela nadie me quiere!"* Conténgase y no atropelle con un torbellino de preocupaciones o culpas mientras escucha o reflexiona sobre lo que él le dice. Ayúdelo y anímelo a que exprese todo lo que siente. Al servirle de eco y espejo, usted está ayudando a su hijo a bregar con sus sentimientos y a tomar mejores decisiones.

Con frecuencia los niños exageran sus sentimientos negativos y las situaciones desagradables que los generaron. Ayude a su hijo a que comprenda y clarifique sus sentimientos y su descripción de la situación a través de una escucha refleja. No le diga que está exagerando porque le quitarára las ganas de compartir sus sentimientos con usted.

**NOMBRES PARA SENTIMIENTOS AGRADABLES** ***SOS***

| | |
|---|---|
| *aceptado, querido* | *contento* |
| *apreciado* | *bien, fenomenal* |
| *capaz, confiado* | *agradecido* |
| *exitoso* | *complacido* |
| *cómodo, relajado* | *amado, querido* |
| *entusiasmado* | *satisfecho, feliz* |
| *alegre, exaltado* | *disfrutar, gustar* |
| *esperanzado, optimista* | *orgulloso* |
| *animado* | *seguro, a salvo* |

**NOMBRES PARA SENTIMIENTOS DESAGRADABLES**

| | |
|---|---|
| *enojado, irritado* | *infeliz, desdichado* |
| *resentido, vengativo* | *tratado injustamente* |
| *irascible, malhumorado* | *descuidado, no querido* |
| *asustado, atemorizado* | *descorazonado, desanimado* |
| *desilusionado, traicionado* | *avergonzado* |
| *solo, abandonado* | *herido* |
| *rechazado, sin amigos* | *cansado* |
| *inútil, desvalorizado* | *aburrido* |
| *estúpido, tonto* | *confundido* |
| *tenso, malhumorado* | *frustrado* |
| *preocupado, ansioso* | *inferior* |
| *inseguro* | *culpable* |

**4. Déle un nombre a sus sentimientos.** Lea las dos listas de sentimientos: "Nombres para sentimientos agradables" y "Nombres para sentimientos desagradables". Estas dos listas dan nombre a los sentimientos comunes, positivos y negativos que tanto niños como adultos suelen tener. Si su niño es pequeño, use palabras simples para nombrar sentimientos.

Luego de escuchar atentamente a su hijo, tanto lo que dice como sus expresiones faciales, dé una "opinión informada" y de manera tentativa refleje sus sentimientos. Por ejemplo, dígale a su hijo de nueve años: *"Pareces estar desilusionado (sentimiento) o tal vez un poquito resentido (otro sentimiento) por la manera en que tu maestra te trató (situación)."* Si no acertó con su primera conjetura, trate otra vez más. Sea respetuoso, sereno, y mantenga un ritmo tranquilo mientras habla. Anime a su hijo a que le diga si acertó o no en su conjetura y pídale que lo ayude a corregir su suposición.

**5. Ofrezca su consejo, sus sugerencias, su apoyo y otras perspectivas sobre la misma situación únicamente DESPUES de haber ayudado a su hijo a analizar sus sentimientos.** Si ofrece consejos, apoyo, sugerencias y comentarios antes de que su hijo exprese sus sentimientos, éstos van a obstaculizar que su hijo exprese y entienda sus propios sentimientos.

¿Por dónde se empieza aprender las destrezas necesarias para la escucha refleja? La técnica para reflejar los sentimientos positivos es la misma que se usa para reflejar los sentimientos negativos. La mayoría de los padres consideran que es más fácil y agradable practicar las destrezas para la escucha refleja escuchando primero los sentimientos positivos y placenteros que sus hijos experimentan.

La próxima vez que su hijo le cuente algo y parezca tener sentimientos positivos (como por ejemplo sentirse aliviado, entusiasmado, orgulloso, feliz o anhelante) refleje sus sentimientos. También refleje su descripción de la situación o evento que aparentemente fue la causa de esos sentimientos. Dígale, por ejemplo: *"Tengo la impresión de que te sientes aliviado (sentimiento) porque el recital de piano fue cancelado (situación)"*. O también puede decirle: *"La invitación al cumpleaños de Miguel (situación) seguramente te ha puesto feliz y contento".* Para aprender las destrezas de la escucha refleja lo mejor es practicarlas.

*"Me siento como si hubiera perdido a mi amigo"*

Cuando mi hijo mayor, Eric, tenía cuatro años lo encontré llorando en el patio. Las lágrimas le corrían a torrentes por la cara sucia de tierra. Entre llantos me dijo: *"¡Lo odio a Jeff! ¡Me echó tierra en la cara!* Traté de reflejar sus sentimientos diciendo: *"Estás enojado porque Jeff te echó tierra y porque también hirió tus sentimientos".* El me respondió: *"Sí, me siento como si hubiera perdido a mi amigo"*

Entramos a la casa y lo ayudé a lavarse la cara. Pero lo más importante fue que lo ayudé a bregar con el insulto de un amigo simplemente reflejándole sus propios sentimientos de ira y desengaño. Ese mismo día, un poco más tarde, los vi a Eric y Jeff, jugando juntos y contentos como siempre.

## Problemas que los padres enfrentan en la práctica de la escucha refleja

*Pueden surgir varios problemas cuando su hijo le expresa sus sentimientos.* Pero usted puede manejar cada uno de esos problemas.

**Problema A— Su hijo le expresa sentimientos desagradables con respecto a usted mismo.** Por ejemplo: *"Estoy enojado contigo porque no me dejas ir al cine el viernes".* Déjelo que exprese sus sentimientos negativos hacia usted pero no permita que lo ofenda verbalmente. No le permita que lo insulte, maldiga, amenace o grite. Dígale que puede expresar sus sentimientos pero que usted no tolerará ningún tipo de ofensa verbal. Si continúa insultando o gritando, salga de la habitación o use una corrección moderada.

Los niños deben aprender a expresar sus sentimientos pero sin ser agresivos, ofensivos o insultantes. Asegúrese de seguir estas mismas reglas cuando usted le expresa sus propios sentimientos a su hijo. No lo ofenda verbalmente. Dé un buen ejemplo.

**Problema B— Usted ayuda a su hijo a hablar sobre sus sentimientos. No obstante él continúa sintiéndose infeliz y expresa intenciones irracionales.** Por ejemplo, aunque usted la haya escuchado con cuidado, le haya dado sugerencias oportunas, y haya mencionado las consecuencias posibles de sus acciones, Laura, su hija de doce años sigue actuando de manera irracional y le responde: *"Mi maestra de inglés es mala e injusta. ¡La odio! Pero ya me las va a pagar. Se arrepentirá de lo que hizo. Voy a cuchichear durante todas las clases sólo para molestarla y voy a entregarle tarde la tarea."* A veces no se puede cambiar directamente los sentimientos y decisiones irracionales de su hijo. Tal vez Laura tenga que aprender a mejorar su conducta a través de las consecuencias naturales — *"La Escuela de la Vida"* posiblemente le enseñará a Laura que tendrá que quedarse después de clase por cuchichear o sacar un "insuficiente" en su libreta de calificaciones por no haber cumplido con su tarea.

**Problema C— Su hijo critica sus intentos de escuchar reflejamente.** Si su hijo critica su escucha refleja, manténgase sereno y dígale que está preocupado por sus sentimientos y pensamientos. No permita que la reacción de su niño hacia su escucha refleja, tal vez ocasionalmente negativa, le impida practicar esta destreza que le permitirá ayudarlo a comprender y manejar sus sentimientos.

## Recuerde Estos Puntos Principales

- La escucha refleja es resumir y exponer nuevamente lo que su hijo le ha dicho, tanto sus sentimientos como la situación que parece haberlos provocado.

- Use la escucha refleja para ayudar a su hijo a que entienda y maneje mejor sus sentimientos.

- Practique la escucha refleja describiendo ocasionalmente los sentimientos agradables tanto como los desagradables.

- La escucha refleja ayuda a los niños a que consigan un mayor control sobres sus emociones y conductas.

AYUDA PARA
SOS
PADRES

## Capítulo 19

# Más conductas problemas — Preguntas y soluciones

*"¡Siempre activo! ¿Es normal en un niño de seis años?"*

En este capítulo observaremos más de cerca una variedad de problemas infantiles comunes. Problemas tales como el trastorno por déficit de atención (también llamado trastorno por déficit de atención con hiperactividad), problemas de aprendizaje, enuresis nocturna, enuresis diurna, resistencia a las tareas, y problemas a la hora de acostarse. Aprenderá más métodos y destrezas para ayudar a su hijo, incluyendo *ganarle al cronómetro portátil, confinamiento, y la silla de descanso.* También aprenderá otras maneras de usar las recompensas de puntos. Veamos las preguntas que los padres hacen con más frecuencia.

**P:** *"Joaquín, mi hijo de seis años, es muy activo, siempre está en movimiento y pareciera no prestar atención cuando le hablo. Su maestra de primer grado dice que* *es posible que Joaquín tenga un trastorno de déficit de atención. Si esto es así ¿qué puedo hacer para ayudarlo?"*

**R:** La mayoría de los niños que sufren del trastorno por déficit de atención son persistentemente super-activos, distraídos, impulsivos en comparación con otros niños de la misma edad. Muchos de estos niños presentan problemas de aprendizaje en la escuela, tienen problemas de relación con sus pares, y son física o verbalmente agresivos. El trastorno por déficit de atención es siete veces más común en los niños que en las niñas. A menudo, tanto los padres como los maestros se sienten frustrados y cansados de tratar de seguir el ritmo de los niños con trastorno de déficit de atención.

Para poder determinar si Joaquín tiene trastorno por déficit de atención, debe hacer que un pediatra lo examine y un psicólogo lo evalúe. El psicólogo necesitará hablar con usted y también con su maestra. Sea consistente en la aplicación de los métodos de manejo conductual de SOS. Es importante elogiarlo mucho cuando complete una tarea o actividad. Su pediatra y su psicólogo le darán recomendaciones adicionales si les parece que Joaquín necesita una ayuda especial.

**P:** *"Mi hija de seis años es muy lenta cuando se trata de ordenar su cuarto, vestirse para ir a la escuela, e ir a la cama. ¿Hay algún modo en que pueda ayudarla a apurarse?"*

**R:** Para apurar la conducta lenta de su hija pruebe un método muy útil llamado *ganarle al cronómetro*. Ponga el cronómetro portátil para que suene dentro de un espacio de tiempo razonable y dígale que le dará una recompensa si termina la tarea antes de que suene la alarma. Por ejemplo, la próxima vez que le anuncie que es hora de ir a acostarse, ponga el cronómetro para que suene a los 30 o 40 minutos. Dígale que la premiará con la lectura de un cuento antes de dormir y un punto en su calendario de recompensas de puntos si le gana al cronómetro. Para ganarle a la alarma, su hija deberá haberse puesto el pijama, cepillado los dientes y estar en la cama cuando suene la alarma. No la sermonee para que se apure ni la regañe si pierde la carrera. En cambio, si le gana al cronómetro, elógiela, déle un punto en el calendario y cuéntele un cuento antes de ir a dormir.

PROBLEMAS QUE LOS PSICÓLOGOS TIENEN QUE AFRONTAR CUANDO EVALÚAN A UN NIÑO CON UN TRASTORNO POR DÉFICIT DE ATENCIÓN.

*"¿Por qué está desordenando mis cosas? Al fin y al cabo, ¿quién es el que está a cargo aquí?"*

**P:** *"¿De qué otra manera se puede usar el cronómetro para ayudar a los niños?"*

**R:** Hay otros cinco modos de usar el cronómetro para ayudar a los niños a mejorar su conducta. Con los cronómetros se puede *poner en tiempo-fuera a uno o más niños, o también juguetes* que estuvieron implicados en la mala conducta. El cronómetro puede ayudar a los niños a que *se turnen* cuando quieren jugar con el mismo juguete, por ejemplo un juego de video. Como también se ha mencionado, los niños pueden tratar de *ganarle al cronómetro* como modo de acelerar una conducta que es lenta. Los cronómetros son "rescatadores de padres" porque son fáciles de usar, eficaces en la modificación de la conducta y "rescatan" a los padres del desgaste y el agobio. Los cronómetros son también "rescatadores de niños" porque los "recatan" de tener que escuchar los sermones y regaños de los padres.

### Cinco modos en los que el cronómetro puede ayudar a los niños

1. Los cronómetros pueden poner al niño en tiempo-fuera.
2. Los cronómetros pueden poner a dos niños en tiempo-fuera
3. Los cronómetros pueden poner en tiempo-fuera al juguete implicado en la mala conducta.
4. Los cronómetros pueden ayudar a los niños a que se turnen.
5. Los niños pueden jugar a ganarle al cronómetro como modo de acelerar una conducta demasiado lenta.

**P:** *"En ocasiones, nuestra hija de doce años se pone de mal humor, gruñona, rezongona, se queja de todo, critica a su hermanita e incomoda al resto de la familia. ¿Es aconsejable mandarla a su habitación por esta conducta fastidiosa?"*

**R:** Sí, pero antes trate de usar la *escucha refleja* para determinar qué es lo que la está molestando. La escucha refleja se explicó en el Capítulo 18, "Cómo ayudar a su niño a que exprese sus sentimientos". Tal vez nada en particular esté molestando a su hija y su mal humor sea simplemente un mal hábito. Dígale que usted comprende que ella se sienta malhumorada, que ella tiene derecho a sus sentimientos, pero que no debería hacer que la familia entera sufriera su conducta abusiva.

No lo llame tiempo-fuera, pero mándela a su cuarto. Dígale que podrá salir de su cuarto cuando deje de rezongar, quejarse y criticar a su hermanita. No le diga por cuánto tiempo deberá quedarse en su cuarto. Ella decidirá cuando puede salir. El cansancio a veces acarrea mal humor. Si su hija está malhumorada porque está cansada, tal vez decida dormir la siesta antes de reunirse con el resto de la familia.

**P:** *"Mi hijo de dieciséis meses se mete en todo y me agota. ¿Qué debo hacer?"*

**R:** SOS no se aplica a niños menores de dos años, el método es sólo para niños entre dos y doce años.

**P:** *"Mis hijos de siete y diez años se niegan a ayudar a mi marido a lavar el auto, juntar las hojas secas y lavar los platos. A menudo se excusan diciendo que se sienten enfermos o cansados o simplemente que no quieren ayudar. ¿Existen otros métodos para motivar a los niños a colaborar con las tareas de la casa?"*

**R:** ¡*La silla de descanso* ayudará a su hijo a colaborar con las tareas! Este es el plan: Todos comienzan a hacer la tarea hasta que ésta se haya completado — todas las hojas secas se han recogido. Aquél que dice que se siente demasiado enfermo o demasiado cansado para ayudar al resto de la familia, debe sentarse en *la silla de descanso*. La silla de descanso no necesita ser una silla real. Si usted está trabajando afuera, en el jardín, un rinconcito bajo un árbol será suficiente. Asegúrese de que la silla de descanso esté cerca de otro miembro de la familia que está trabajando. El rincón que elija debe ser aburrido, y sin cosas interesantes o entretenidas. La persona que esté trabajando servirá de modelo para el niño que está descansando. Después de que sus hijos lo ayuden con la tarea, dígales cuánto aprecia su ayuda y colaboración.

**P:** *"Mi hijo de nueve años, Bernardo, sufre de enuresis nocturna. Según lo que he oído, existe un tipo de alarma que ayuda a resolver la enuresis nocturna. ¿Podría una alarma de este tipo ayudar a mi hijo?"*

**R:** Sí. Las alarmas para enuresis nocturna pueden ayudar a niños de seis años o más a pasar noches sin "accidentes". La mayoría de los niños superan el problema de la enuresis nocturna entre los cinco y seis años. Si no lo hacen tal vez necesitan una ayuda especial de sus padres.

Primero lleve a Bernardo a que lo vea su pediatra para asegurarse de que no hay ninguna razón médica que esté causando el problema de enuresis nocturna. Luego comience un programa de ayuda. Siga los siguientes pasos:

1. Use un *calendario de recompensas de puntos* para mejorar una conducta, tal como se explicó en el Capítulo 14. La conducta que se quiere lograr es que haya "noches sin accidentes". Cuando Bernardo logre un número determinado de puntos, seleccione la recompensa del *menú de recompensas.*

Elógielo mucho cada vez que pasa una noche sin accidentes. Nunca lo regañe o avergüence cuando tenga enuresis nocturna. Sin duda él ya se siente avergonzado y humillado por este problema.

2. Cada vez que Bernardo se de cuenta de que ha mojado la cama deberá bañarse o ducharse inmediatamente y poner sus sábanas mojadas en la lavadora. Los niños más pequeños necesitarán la ayuda de sus padres para deshacer la cama y preparar el baño o la ducha. Los pasos uno y dos por lo general son suficientes para ayudar a los niños a dejar de mojar la cama en uno o dos meses. No obstante, si Bernardo sigue teniendo enuresis nocturna, continúe los pasos uno y dos y comience el paso número tres.

3. Compre una alarma para enuresis nocturna. Pregúntele a su pediatra dónde la puede comprar. Este sistema hace que el niño duerma sobre una sabanilla especial que detecta la humedad y hace sonar una alarma. Para aumentar el volumen de la alarma, la

puede poner en una asadera de hojalata dada vuelta como si fuera una campana y colocada junto a la cama de su hijo.

Como la alarma suena en dos segundos, Bernardo sabrá instantáneamente cuando ha mojado la cama. Por reflejo condicionado aprenderá a corregir el problema de la enuresis nocturna. Tal vez necesite usar la alarma durante dos meses hasta que haya superado este problema.

La alarma es sumamente efectiva en ayudar a los niños y adolescente a superar el problema de la enuresis nocturna. Además de comprar la alarma, siga siempre los pasos uno y dos. Puede suceder que luego de haber logrado pasar varias noches sin mojar la cama, su hijo vuelva a tener enuresis nocturna. No se desespere. Simplemente siga estos pasos otra vez. La mayoría de los niños no vuelven a sufrir enuresis nocturna luego de haber seguido este programa por segunda vez.

Si usted sigue correctamente los tres pasos indicados y su hijo o hija sigue mojando la cama, será prudente consultar con su pediatra, un psicólogo u otro especialista en administración conductual.

**P:** *"¿Qué es lo que usted recomienda para niños que sufren de enuresis diurna luego de haber aprendido a usar el inodoro?"*

**R:** Puede ser que un niño de cinco años o más, luego de haber aprendido a ir al baño, vuelva a sufrir ocasionalmente de enuresis diurna. Trate de seguir el siguiente programa:

Cada día que su hijo pasa sin mojarse, déle tres puntos en su *calendario de recompensas de puntos*. Si se moja más de una vez al día, divida el día en mañana, tarde y noche. Déle un punto por cada parte del día que pase sin mojarse. ¡Podrá ganar hasta tres puntos por día!

Anímelo a que intercambie sus puntos por una de las recompensas del *menú de recompensas* tan pronto como haya ganado los puntos necesarios. Además al final de cada día elógielo si ha pasado el día entero sin accidentes.

Nunca lo regañe por tener un accidente. Haga que inmediatamente se bañe, se ponga ropa limpia y lave él mismo la ropa que acaba de mojar.

**P:** *"Mis vecinos me cuentan que ellos confinan a su hijo de trece años en casa durante dos o tres semanas cuando transgrede las reglas. Podría explicar en qué consiste el "confinamiento" y si es un método apropiado para usar con mi hija adolescente.*

**R:** *Confinar es recluir a un niño o adolescente y hacerlo que se quede en su casa como consecuencia de una mala conducta.* No se le permite visitar a los amigos o ir a ningún lugar sin la compañía de sus padres. Cuando se usa correctamente, el recluir o confinar puede ayudar a los pre-adolescentes y adolescentes a mejorar su conducta.

Si usted usa el confinamiento, asegúrese de seguir dos reglas. Dígale a su hijo por adelantado que esa conducta determinada le ocasionará el confinamiento. Además mantenga corta la duración del confinamiento — por lo general, no más de un fin de semana o una semana entera. Recluir a un adolescente por dos semanas o más es demasiado severo y no es efectivo en la modificación de la conducta.

**P:** *"Mi hija de nueve años, Amalia, saca bajas calificaciones en la escuela. Sus maestras me dicen que tal vez ella tenga un 'problema de aprendizaje' ¿qué es lo que debo hacer para ayudar a mi hija?"*

**R:** Un problema de aprendizaje quiere decir que el rendimiento académico de un niño, ya sea en aritmética, lectura, redacción está por debajo de lo que correspondería a su edad y nivel de inteligencia. Su hija tiene que ser evaluada por un pediatra y un oculista que se especialicen en niños en edad escolar. Es también esencial que la vea un psicólogo para evaluar su cociente intelectual y sus destrezas académicas. Siga los consejos de su pediatra y del psicólogo.

Fíjese también en el Indice de Materias — 46 Conductas Problema y 23 Métodos. Allí se da una lista de cuarenta y seis conductas-problema con los métodos para mejorarlas. ¡Seguramente encontrará allí algunas de las conductas-problema de su hijo!

## Recuerde Estos Puntos Principales

- Este capítulo le da recomendaciones sobre problemas comunes de la infancia como por ejemplo: trastorno por déficit de atención, acostarse a la hora adecuada, rebelarse contra las tareas hogareñas, enuresis nocturna y diurna, y problemas de aprendizaje.

- Algunos de los métodos efectivos para ayudar a los niños a mejorar su conducta son: *estímulos, elogios, ganarle al cronómetro, mandar al niño a su habitación (en lugar del tiempo-fuera), la silla de descanso, el confinamiento, y recompensas de puntos.*

- Llame a su pediatra, psicólogo u otro profesional en el área de la salud mental para más métodos de ayuda si los que usted está ya usando no resultan efectivos.

SOS
AYUDA PARA
PADRES
Una Guía Práctica para Manejar Problemas de Conducta Comunes y Corrientes
Lynn Clark, Ph.D.

## Cuarta Parte

# Más recursos para ayudar a su hijo

Usted no está solo al enfrentar el desafío de ser padre y ayudar a su hija o hijo. Lea esta cuarta parte donde se enterará de varios recursos al alcance de los padres.

Los maestros pasan muchas horas por semana ayudando a los niños. Usted aprenderá a colaborar eficazmente con el maestro de su hijo para mejorar su adaptación afectiva y académica.

Se le aconsejará que tome clases para padres donde podrá aprender más ideas para la educación de sus hijos.

Aprenderá también en esta parte cómo y cuándo deberá buscar ayuda profesional para su hijo.

En un breve capítulo se le enseñará a controlar su propia ira cuando se enfrenta al estrés inevitable de ser padre.

El último capítulo le presenta cuatro cuestionarios breves con las respectivas respuestas para que sepa los resultados de lo que ha aprendido en SOS.

¡Veamos qué otros recursos están a su alcance para ayudar a su hijo!

SOS
AYUDA PARA
PADRES
Una Guía Práctica para Manejar Problemas
de Conducta Comunes y Corrientes
Lynn Clark, Ph.D.

Capítulo 20

# Maestros y padres como colaboradores

PROBLEMAS QUE LOS MAESTROS TIENEN QUE AFRONTAR

*¡Quién dijo que manejar a los niños era fácil!*

En este capítulo aprenderá cómo ayudar a su hijo a que mejore su trabajo escolar y su adaptación personal para así trabajar más eficazmente con su maestro. También aprenderá los métodos que los maestros usan para manejar a los niños.

## Cómo colaborar con el maestro de su hijo

Fomente una relación positiva con el maestro de su hijo y demuestre interés en las experiencias que su hijo tiene en la escuela visitándolo en su aula. Responda rápidamente a las comunicaciones del maestro y de la escuela. Aunque usted esté muy ocupado trabajando fuera de casa, colabore cuando se trate de llevar bebidas y bocadillos para una fiesta escolar. Su hijo apreciará la atención adicional y el interés en sus actividades escolares.

Hable con su hijo sobre la escuela. Comente con él sobre la tarea escolar y los proyectos especiales y tómese tiempo en revisar sus tareas escolares terminadas. El mejor modo de aumentar su cumplimiento es recompensarlo con atención y elogios.

No critique al maestro en presencia de su hijo. Usted quiere que su hijo lo siga respetando. Además recuerde que los niños con frecuencia repiten en frente del maestro lo que escucharon en la casa.

No es bueno que los padres disminuyan las consecuencias naturales echándole la culpa al maestro o a la escuela por los problemas de conducta de su hijo o diciéndole a su hijo que la escuela se equivocó. Hay padres que se sienten agredidos o incómodos cuando sus hijos son disciplinados en la escuela. El recibir una corrección en la escuela puede ser una experiencia valiosa para su hijo. Colabore con la escuela cuando su hijo es disciplinado.

Planee con anticipación si espera que la reunión con el maestro de su hijo sea provechosa. *La reunión de padres y maestros es un diálogo cara a cara entre usted y el maestro de su hijo.* Como colaboradores, ustedes planearán el mejor modo de responder a las necesidades personales y académicas de su hijo. ¿Qué es lo que se debe hablar en la reunión con el maestro? Usted debe conversar sobre los hábitos de estudio de su hijo, si necesita clases de recuperación, o cómo ayudarlo a llevarse mejor con sus compañeros.

La escuela posiblemente lo contactará y fijará las horas de las reuniones a padres y maestros. No obstante, usted tiene el derecho de solicitar reuniones adicionales si su hijo lo necesita. No sea pasivo y espere a que el maestro lo contacte si ve que su hijo está teniendo dificultades. Tampoco asuma que si no recibe comunicación del maestro, todo está bien, especialmente si su hijo ha tenido problemas en la escuela en el pasado.

Preste atención a las pautas siguientes cuando esté por contactar al maestro de su hijo:

**1. Por lo menos con un día de anticipación pídale al maestro que fije una hora para hablar sobre el progreso y adaptación de su hijo.** Para hablar con el maestro de algún problema o fijar la hora para una reunión con el maestro, llame a la escuela y deje un mensaje al maestro para que le devuelva la llamada y puedan hablar.

**2. Haga una lista de las cosas que quiere conversar con el maestro sobre las necesidades de su hijo. Haga también una lista de las preguntas que le quiere hacer al maestro sobre el progreso de su hijo.** Pregúntele cuáles son las asignaturas en las que su hijo se destaca o tiene dificultades. Pregúntele también si tiene algún problema de conducta o de adaptación. Si su esposo o esposa no puede ir a la reunión, pídale que le de ideas para la preparación de su lista.

**3. No lleve a su hijo a la reunión con el maestro a menos que el maestro lo haya especificado.** Deje también a sus hermanos y hermanas en casa de manera que pueda dedicar atención completa a la conversación con el maestro mientras habla sobre su hijo.

**4. Durante la misma reunión decida sobre los planes específicos para ayudar a su hijo.** Pida sugerencias y recomendaciones al maestro y trate honestamente de ponerlas en práctica. Póngase de acuerdo con el maestro en lo que él hará en la escuela y en lo que usted hará en su casa para ayudar a su hijo. Tome nota de estos planes para el futuro. Pídale al maestro que lo llame si su hijo comienza a tener problemas en la escuela.

**5. Sea agradable y alimente una colaboración positiva entre usted y el maestro.** Dígale al maestro que usted aprecia la ayuda que le está ofreciendo a su hijo. Si a usted le parece que el maestro está haciendo una obra fantástica, dígaselo. ¡Recompense al maestro por su "buena conducta"!

No confronte al maestro cuando usted esté enojado. Evite enojarse y expresar su ira con el maestro y la escuela. Busque soluciones a los problemas de su hijo y evite cargarle con la responsabilidad al maestro por estos problemas. Reconozca que el maestro tiene por lo menos 20 alumnos en su clase. Conozca y comprenda los objetivos que el maestro y la escuela tienen para los niños.

**6. Después de la reunión con el maestro, comparta los resultados con su esposo o esposa y pida ayuda para seguir las sugerencias y recomendaciones.** Luego de la reunión con el maestro dígale a su hijo cuáles son las áreas en las que se destaca y aquellas en las que necesita mejorar; si ha formulado un plan con el maestro cuéntele de qué se trata.

**7. Manténgase en estrecha comunicación con el maestro de su hijo.** No sea tímido si necesita solicitar reuniones adicionales. A los maestros les gusta trabajar con padres que se preocupan por sus hijos y se interesan en lo que ellos hacen. En tanto usted no le esté echando la culpa a ellos, a los maestros, por lo general, no les molestan las reuniones adicionales.

Cuando su niño esté molesto con otros niños, o con el maestro, o con la tarea escolar, use la *escucha refleja* para ayudarlo a que exprese sus sentimientos. Las destrezas propias de la escucha refleja se explicaron en el Capítulo 18.

Si su hijo continúa teniendo problemas en su tarea escolar es recomendable que pida una consulta psicológica para que evalúen su capacidad de aprendizaje, sus habilidades

PROBLEMAS QUE LOS MAESTROS TIENEN QUE AFRONTAR

*"Mi Santiaguito es un MORDEDOR. Muerde a todo el mundo. Espero que usted pueda ayudarlo"*

Los maestros tienen que enfrentarse con una amplia gama de conductas

---

El programa del *Video SOS Ayuda Padres* y el libro *Ayuda Para Padres* se usan en los programas de formación de maestros. Vea las páginas al final del libro que informan sobre el video.

intelectuales, su nivel de motivación. Puede ser que la escuela misma haga la evaluación. Si la escuela no lo hace, deberá consultar con un psicólogo usted mismo. El Capítulo 22 le dice cuándo y cómo obtener ayuda profesional.

## Los maestros y el manejo conductual

Lea esta parte si a usted le interesa informarse sobre los métodos que los maestros usan para manejar la conducta de los niños.

Los maestros dicen que la parte más difícil y estresante de su trabajo es el manejo de la conducta de los niños. Los maestros que son eficaces en la clase usan hábilmente una gran variedad de métodos de manejo conductual. Otros maestros que son menos eficaces no usan estos métodos correctamente o tienen una variedad limitada de los mismos.

Los maestros que son más eficaces saben que recompensar la buena conducta es la mejor manera de mejorarla. Con frecuencia usan *recompensas materiales y privilegios*, así como las *recompensas sociales,* tales como el elogio y la atención.

Hay maestros que también usan el *regaño* y la *desaprobación* y también el *ignorar activamente* para reducir la conducta problema. La *sanción por la conducta, las consecuencias naturales y lógicas* descriptas en el Capítulo 5 son también métodos de disciplina efectivos.

Intercambiar una camisa seca por otra mojada

Santiago estuvo jugando con agua en el baño de la escuela y empapó la camisa de Javier. Luego se rió y se burló de la camisa mojada de Javier.

Cuando ambos niños regresaron al aula de cuarto grado la maestra les hizo intercambiar las camisas. Santiago tuvo que "usar" el problema que causó — la camisa mojada. Para solucionar el problema el maestro usó la *consecuencia lógica* — ¡El castigo de Santiago fue proporcionado al crimen!

Muchos maestros de preescolar y primaria usan el *tiempo-fuera* para manejar la mala conducta persistente. Tal vez su hijo se refiera a la "silla de calmarse" o la "silla de tiempo-fuera" o, simplemente la "silla" cuando le cuente sobre el tiempo-fuera. Si su hijo le cuenta que lo pusieron en tiempo-fuera, no lo regañe o exprese su fastidio con el maestro. Usted quiere que su hijo le cuente sobre sus experiencias en la escuela.

*"¡Todd hoy puso a Patti en tiempo-fuera!"*

A los dos años de edad, mi hijo Todd ya era un "experto" en el método de tiempo-fuera. Mi esposa y yo usábamos el tiempo-fuera para manejar su conducta en casa y su guardería infantil también aplicaba el tiempo-fuera.

Una tarde en que lo fuimos a buscar a la guardería, mi esposa le preguntó a la empleada de la guardería qué tal había sido el día de Todd. La empleada respondió: *"¡Adivine lo que pasó! ¡Todd hoy puso a Patti en tiempo-fuera! Entré a la sala de juegos y encontré a Patti, que también tiene dos años, sentada tranquilamente en la silla de tiempo-fuera y a Todd parado cerca de ella. Le pregunté que había pasado y Todd contestó que había puesto a Patti en tiempo-fuera porque era 'mala' y había tirado los ladrillitos."*

¡A los dos años, Todd ya se había vuelto un experto en tiempo-fuera!

Algunos maestros cuelgan el cronómetro portátil del techo, fuera del alcance de niños muy activos. Como muchas veces son dos los niños que se portan mal, en el aula se necesitan dos cronómetros y dos sillas de tiempo-fuera.

Bernardo ataca el cronómetro de preescolar

Bernardo, de cuatro años, parecía estar sentado pacientemente en la silla de tiempo-fuera, esperando a que la alarma sonara. Cuando la alarma sonó, se bajó de la silla, fue hacia el cronómetro que estaba en el piso y se puso a pisotearlo y a patearlo, rompiéndolo en pedacitos.

Su maestra compró un cronómero nuevo, lo ató a una cuerda y lo colgó del techo, fuera del alcance de Bernardo y de otros preescolares a quienes no les gusta nlos cronómetros.

Tres versiones del tiempo-fuera pueden usarse para ayudar a mejorar la conducta de los niños en la escuela.

**1. Tiempo-fuera sin exclusión.** Al niño no se lo excluye del grupo. Puede estar sentado solo en un lugar en particular o en una silla especial. Puede observar las actividades del grupo

TIEMPO-FUERA "SIN EXCLUSIÓN"

*"¡Lo único que hice fue GOLPEAR a Juan una sola vez!"*

TIEMPO-FUERA "CON AISLAMIENTO"

*"Ojalá tuviera un libro o algo con que jugar"*

pero no puede participar. A los otros niños se les dice que no le hablen ni lo hostiguen. Si lo hacen, corren el riesgo de que se los mande a tiempo-fuera a ellos también.

**2. Tiempo-fuera con aislamiento.** Si a su niño se lo pone en tiempo-fuera con aislamiento, quiere decir que se lo aisla brevemente del grupo y de todas las actividades. No puede ni mirar ni hablar a los demás. Un buen lugar para el tiempo-fuera con aislamiento es una silla grande detrás de un fichero, un biombo o estantería de libros. Con frecuencia el tiempo-fuera con aislamiento es más efectivo que el tiempo-fuera sin exclusión.

**3. Tiempo-fuera en un cuarto separado.** Al niño se lo priva de la compañia de los otros niños y de las actividades que le interesan y se lo pone brevemente en un cuarto separado. No se le exige que se siente en ningún lugar en particular y se le permite moverse libremente por el cuarto. El cuarto deberá ser un lugar aburrido, bien iluminado, seguro, y que no de miedo. El tiempo-fuera en cuarto separado no debe usarse en preescolares por cuestiones de seguridad, puesto que a esa edad siempre deben ser supervisados por adultos.

## Recuerde Estos Puntos Principales

- Colabore con el maestro para mejorar la conducta de su hijo en la escuela.
- Demuestre su interés en las actividades escolares de su hijo visitándolo en su aula y hablando con él sobre la escuela.
- Tanto los padres como los maestros que son eficaces usan una amplia variedad de métodos de manejo conductual de SOS.

---

Si usted es un maestro y necesita una descripción breve del tiempo-fuera para colocar en una pizarra de informaciones, fotocopie la hoja de "Información para los padres" que se incluye al final de este libro.

Capítulo 21

# Clases beneficiosas para los padres

*"¡Ah! ¡Voy a probar esta sugerencia!"*

Si usted quiere aprender más destrezas parentales, este capítulo le informa cómo tomar clases para padres u organizar un grupo de estudio para padres.

## Cómo tomar clases para padres — qué se debe esperar

En muchas comunidades se ofrecen clases para padres — también llamadas "escuela para padres". Estas clases ampliarán su conocimiento y sus habilidades para que usted pueda educar mejor a su hijo. Por lo general, estas clases se dan en grupos de seis a doce personas que se reúnen con un líder durante cinco o seis sesiones; cada sesión suele durar de una a dos horas.

La mayoría de los instructores de las clases para padres utilizan videos de educación para padres y dirigen la discusión grupal. Los participantes del grupo aprenden algunos principios de la conducta y estrategias para educar mejor a los niños — a todo tipo de niño, no sólo a aquél que tiene problemas de conducta o emocionales. Estas clases no son sesiones de terapia, ni el instructor del grupo tratará de diagnosticar o tratar los problemas individuales de los niños.

Tal vez algunos de los padres que participan en las clases de educación para padres tengan hijos con problemas de conducta y emocionales serios. No obstante, la educación para padres, por lo general, se ocupa de los desafíos que la mayoría de los padres comúnmente encuentran en la crianza de los hijos.

Puede ser que el instructor de la clase utilice el enfoque conductual o cualquier otro enfoque. Usted verá que el enfoque conductual en la educación para padres coincide con el de SOS.

¿Cómo puede encontrar clases para padres en su comunidad? A menudo estas clases se ofrecen en clínicas pediátricas, centros de la educación para adultos, clínicas de salud mental, escuelas, iglesias, centros comunitarios, y en algunas universidades, por ejemplo en los departamentos de psicología o de desarrollo infantil. Ciertas líneas telefónicas de emergencia para ayuda en situaciones de crisis suelen también tener información sobre otros servicios y tal vez sepan sobre clases de educación para padres en su área.

## Cómo puede usted mismo formar un grupo de SOS

Usted mismo puede formar un grupo de estudio pequeño e informal con otros padres, cuyos hijos tengan entre dos y doce años, para discutir los desafíos que comúnmente se encuentran en la educación de los niños. Sus discusiones pueden centrarse alrededor de un tema en particular o un libro sobre manejo conductual, como por ejemplo *SOS Ayuda Para Padres*. Aquellos padres cuyos hijos tienen más o menos la misma edad pueden formar un grupo y tener reuniones semanales en sus casas, en la iglesia o en algún lugar de la comunidad. Los niños pequeños pueden jugar mientras los padres conversan. No obstante, siempre es más apacible cuando los padres se reúnen mientras sus hijos están en el preescolar o en la escuela primaria.

Para comenzar un grupo de estudio lo único que se necesita es tener dos o tres padres que estén interesados en reunirse. Tal vez usted mismo considere la posibilidad de formarlo. Para que las reuniones se mantengan, uno de los miembros del grupo tendrá que aceptar la responsabilidad de asumir el papel de coordinador y de dirigir la discusión en las reuniones sucesivas. No deje que un sólo padre monopolice la discusión. Tampoco converse sobre un niño o una niña en particular en su presencia o en presencia de otros niños.

El libro *SOS Ayuda Para Padres* es un programa auto-administrado dirigido principalmente a aquellos padres que quieren aprender más habilidades para ayudar a sus hijos. Suponga que su grupo quiere reunirse seis veces y usar el libro de SOS. Este plan lo ayudará:

**Planeamiento de un grupo de estudio de SOS**

| | |
|---|---|
| Primera Sesión: | Discutan los capítulos 1 y 2 |
| Segunda Sesión: | Discutan los capítulos 3 y 5 |
| Tercera Sesión: | Discutan los capítulos 4, 6 al 12 |
| Cuarta Sesión: | Discutan los capítulos 13 y 17 |
| Quinta Sesión: | Discutan el capítulo 18, "Cómo ayudar a su hijo a expresar sus sentimientos" |
| Sexta Sesión: | Discutan los capítulos 19, 20, y 23 |

## El Video SOS Ayuda Para Padres Programa Educativo

*El Video SOS Ayuda Para Padres* está dirigido a los grupos de padres para que lo vean en tres o más sesiones. Este programa de video incluye un casete de video en español, cuatro hojas de estudio para los padres en español, que también se pueden fotocopiar, y el libro *SOS Ayuda Para Padres*. En cada escena del video se le pide a los padres que identifiquen los métodos y habilidades de SOS y los errores en la crianza de los niños. El líder del grupo guía la discusión después de la presentación de cada escena. La preparación que el líder necesita es mínima. El video presenta el aprendizaje de las técnicas de manejo conductual de SOS de una forma amena. El video está grabado en español <http://www.sosprograms.com>

La *Guía Del Video de SOS Para El Líder* todavía no ha sido traducida al español. Las descripciones de cada escena en el video están en inglés. No obstante, esto no presenta un problema serio porque en el comienzo del casete de video se dan instrucciones en español para que el líder del grupo sepa cómo usar el video en la educación de los padres o maestros.

En el Apéndice "A", y al final de este libro, encontrará más información sobre el *Video SOS Ayuda Para Padres*. Por supuesto, este programa de video también se puede conseguir en inglés.

En *El Video SOS Ayuda Para Padres*, el tiempo-fuera, regañar, consecuencias lógicas, consecuencias naturales, y sanción por la conducta se mencionan como métodos de *castigo* moderado. No obstante, luego de haber producido el video, decidí que el nombre más apropiado es métodos de *corrección* moderada porque este término es más preciso.

## Recuerde Estos Puntos Principales

- Considere la posibilidad de tomar clases de educación para padres.
- Piense en la posibilidad de organizar usted mismo un grupo de estudio de SOS.
- Si es posible, participe en clases de educación para padres que usen el *Video SOS Ayuda Para Padres.*

## Capítulo 22

# Cuándo y cómo conseguir ayuda profesional

*"¿Podrá la terapia familiar ayudarnos con nuestra pequeña Teresa?"*

Criar a los hijos desde la infancia hasta la adolescencia es, en ciertas ocasiones, un proceso largo y difícil. Se pueden llegar a presentar problemas que interfieren con el bienestar y la felicidad de la familia. Si las dificultades persisten a pesar de sus esfuerzos, no se desespere y ni se dé por vencido, ni se sienta paralizado, o culpable, ni deje que la ira lo domine. Contacte un consejero o psicoterapeuta que pueda darle ayuda profesional. Considere las siguientes preguntas y sugerencias si está pensando en buscar psicoterapia para su hijo o su familia.

**P:** *"¿Cuándo debo buscar ayuda profesional para mi hijo?"*

**R:** Como padre, su responsabilidad es ayudar a su hijo y a su familia a que entiendan y solucionen sus problemas. *Busque ayuda profesional si su hijo se siente* *continuamente infeliz o tiene dificultades en adaptarse al ambiente escolar, a otros niños, u otros miembros de la familia.* La ayuda profesional también será necesaria si su hijo está causando mucho estrés tanto a usted como a cualquier otro miembro de la familia . Si usted siente que los métodos habituales para el manejo de la conducta no producen ningún resultado y que su hijo está fuera de control. Si su hijo se vuelve violento cuando lo disciplina o no coopera con el método de tiempo-fuera, entonces será necesario conseguir la ayuda directa de un psicoterapeuta profesional.

**P:** *"¿Cómo puedo conseguir información sobre ayuda profesional en mi área?"*

**R:** A menudo se requiere mucho esfuerzo para conseguir información sobre consejeros que sean idóneos y sobre las entidades asistenciales en su propia comunidad. La mayoría de los pediatras y médicos de familia le pueden dar información sobre consejeros y entidades asistenciales en su zona. Pida a su doctor que le recomiende por lo menos dos consejeros. Es posible que algunos médicos intenten aliviar a los padres que están preocupados por sus hijos diciendo que *"Su hijo simplemente está pasando por una etapa difícil"* o que *"Esos problemas ya se le pasarán"*. Es bueno tener en cuenta lo que dice su médico pero también es importante que converse con un psicoterapeuta que le de sugerencias y le explique los beneficios de la psicoterapia.

Cuando contacte a su pediatra o a su médico, piense también en pedir un examen físico completo para su hijo antes de llevarlo a que lo vea un consejero. Si su pediatra le sugiere medicación para ayudar a controlar la conducta de su hijo, usted tiene derecho a consultar con otro pediatra para tener una segunda opinión.

Otras fuentes de información sobre psicoterapeutas o entidades de asistencia pertinentes pueden ser los directores de escuelas, consejeros escolares, maestros, el clero o sus propios amigos. Los centros comunitarios de salud mental son fuentes valiosas de información y asistencia. Los directorios telefónicos listan psiquiatras, psicólogos, consejeros maritales y familiares, y trabajadores sociales especializados en psicoterapia.

Si su hijo tiene un problema de aprendizaje en la escuela, deberá ver a un psicólogo cualificado para hacerle una evaluación que incluya algunas pruebas psicológicas. Si su hijo está teniendo problemas de aprendizaje o psicológicos, la mayoría de las escuelas están capacitadas para suministrar una evaluación psicológica y hacer recomendaciones . No obstante, la minuciosidad de las evaluaciones suministradas por las escuelas es variable. Además, las escuelas, por lo general, no ofrecen psicoterapia para padres e hijos.

**P:** *"¿Qué debo preguntarle al consejero familiar durante la entrevista inicial?"*

**R:** Luego de obtener el nombre de un par de consejeros o entidades asistenciales, llame por teléfono al consejero o la entidad asistencial. Si el consejero o psicoterapeuta tienen una práctica privada independiente, haga una lista de preguntas y pida hablar directamente con el o ella. Brevemente, explíquele el tipo de dificultades que su hijo está teniendo. Pregúntele si él ayuda a niños con ese tipo de dificultades. Si la respuesta es negativa, pregúntele a quién recomendaría para ayudar a su hijo. Pregunte sobre sus estudios, su experiencia, y la preparación que lo acredita para trabajar con niños y familias. Pregunte sobre el costo de cada visita, cuántas visitas serán necesarias y durante cuánto tiempo. Cuando recién se comienza la psicoterapia es importante tener visitas semanales.

Si usted contacta *una clínica de salud mental* pidiendo servicios profesionales, se le dará una cita con un "secretario de admisiones" para que lo entreviste. Luego de reunirse con usted y su hijo el secretario de admisiones discutirá las dificultades de su hijo con otros profesionales en la clínica. La clínica decidirá qué profesional está cualificado y disponible para ayudar a su hijo. Luego la clínica le dará una segunda visita para que usted se reúna con su consejero.

**P:** *"¿Cómo le digo a mi hijo que vamos a ver a un consejero familiar?"*

**R:** Cuando le diga a su hijo que ambos o la familia entera van a ver a un consejero, use un lenguaje simple y directo. Sea positivo y dígale a su hijo que el consejero los ayudará a solucionar problemas. Por ejemplo, puede decirle: *"Cada uno en la familia ha estado discutiendo mucho durante los últimos meses. Tenemos una cita con un consejero que nos ayudará a entender nuestros problemas y a llevarnos mejor".*

Si su hijo tiene bajas calificaciones en la escuela le puede decir: *"Vamos a ver a una psicóloga que te tomará algunas pruebas, nos hablará a tí y a mí. Nos dará algunas ideas para ayudarte con tu trabajo escolar y con tus calificaciones. Tenemos una cita el miércoles por la tarde".*

## Cuatro enfoques en la ayuda a padres e hijos

- *El psicoterapeuta hace terapia directamente con el niño.* La mayoría de los padres posiblemente esperan este tipo de tratamiento aunque este enfoque sea de eficacia limitada.

- *El psicoterapeuta le enseña a los padres nuevos métodos para ayudar a su hijo y manejar su conducta.* Puede ser que también que le pida que participe en clases de educación para padres o que lea materiales sobre manejo conductual, por ejemplo SOS.

- *El psicoterapeuta ayuda a los padres a entender y resolver sus problemas personales.* Tales problemas a menudo incluyen depresión, crisis de la vida, o problemas maritales.

- *El psicoterapeuta se reúne con la familia entera en sesiones de terapia familiar.* Algunos problemas se pueden tratar mejor con terapia familiar.

**P:** *"¿Qué es lo que debo esperar al comienzo de la psicoterapia?"*

**R:** En las dos primeras sesiones el foco será la evaluación. El consejero los ayudará a evaluar y clarificar los problemas confrontándolo a usted y a su familia. Como su esposo o esposa es parte central en la familia, él o ella deberán estar involucrados en la terapia. Además de hablar con usted sobre las dificultades de su hijo, el consejero le hará preguntas sobre sus objetivos y expectativas como padre. Tendrá que completar breves cuestionarios y mantener un registro de la conducta de su hijo. El consejero hablará con usted y su hijo y también los observará a ambos en su interrelación.

Dispóngase a modificar sus expectativas sobre la terapia y a ser flexible en su colaboración con el psicoterapeuta. No obstante, siéntase libre de hacer todas las preguntas que necesite hacerle al psicoterapeuta. Con su autorización, el psicoterapeuta podrá contactar a la maestra de su hijo y hacer recomendaciones adicionales para que la escuela pueda también ayudar a su hijo.

Después de evaluar los problemas que lo aquejan a usted y a su hijo, el psicoterapeuta lo ayudará a resolver estas dificultades. Dependiendo del problema que deba resolverse, los psicoterapeutas suelen utilizar uno o más enfoques diferentes. Vea "Cinco enfoques para ayudar a padres e hijos".

**P:** *"¿Cómo debo pagar por los servicios profesionales?"*

**R:** La terapia cuesta dinero, pero también lo cuestan la educación, la salud, el transporte, la recreación familiar, el salir a comer o ir de vacaciones. La terapia puede ayudar a reducir los problemas emocionales y de conducta de su hijo y aumentar su competencia personal y sus habilidades sociales. Puede también mejorar la calidad de la vida familiar.

Los psicoterapeutas que tienen una práctica privada independiente por lo general tienen honorarios fijos por cada sesión de terapia. En cambio, las clínicas de salud mental de la comunidad suelen acomodar los honoriarios al ingreso de la familia. Para determinar si su seguro médico cubre la totalidad o parte de los costos, pregunte a su companía aseguradora y hable con el psicoterapeuta.

## Recuerde Estos Puntos Principales

- Los problemas familiares y de conducta a veces se vuelven demasiado difíciles para que los padres los puedan manejar.
- Los psicoterapeutas pueden ayudarlo a usted y a su familia a resolver problemas.
- Considere la posibilidad de pedir ayuda profesional si sus métodos habituales para resolver los problemas familiares o de manejar la conducta de su hijo no dan ningún resultado.

Capítulo 23

# Cómo controlar su propia ira

LA MADRE CONTROLA SU IRA

*"Por favor, guarda tus juguetes y vamos a la escuela que ya es tarde".*

*"¡NO!¡ Yo quiero quedarme jugando un rato más!"*

Usted puede controlar su ira y su propio comportamiento cuando su hijo lo desafía.

La madre controla su ira

Con frecuencia, Benjamín, que tiene cuatro años, tiene una actitud desafiante y es difícil de manejar. La madre se ha esforzado en mejorar sus habilidades para poder manejar a Benjamín. Lo que es aún más importante, ella ha estado usando el método de controlar la propia ira llamado: PARE-PIENSE-ACTÚE que le ha ayudado a parar los comentarios sarcásticos, las amenazas y las palizas que le daba a Benjamín.

La madre quiere que Benjamín se prepare para ir a la escuela. Escuchemos cómo aplica el método PARE-PIENSE-ACTÚE que la ha ayudado a corregir sus viejos hábitos de hablar consigo misma irracionalmente y de usar métodos de disciplina agresivos para manejar a Benjamín.

Madre: *"Por favor guarda tus juguetes y vamos a la escuela que ya es tarde."*

Benjamín: *"¡NO!¡Yo quiero quedarme jugando un rato más!"*

(PARE) La madre se da cuenta de que Benjamín no piensa hacerle caso y que ella se está encolerizando por la situación. Se va de la habitación y mira por la ventana durante un minuto.

(PIENSE) La madre se dice a sí misma: "Me estoy encolerizando por esta situación. ¿Qué es lo que me estoy diciendo sobre la conducta desafiante de Benjamín que me está encolerizando tanto? Creo que me estoy diciendo que Benjamín tiene que sufrir para que aprenda quién es el que manda. Y si no aprende a comportarse ahora mismo siempre será un malcriado y cuando llegue a ser adulto, será un adulto malcriado. Pero no necesito encolerizarme para mejorar su comportamiento. Vamos a salir de la casa ahora mismo y Benjamín recojerá sus juguetes esta tarde o tendrá que ir a tiempo-fuera.

(ACTÚE) La madre busca el saco y los zapatos de Benjamín y vuelve a la habitación. Ambos se preparan para salir.

Madre: *"Benjamín, salimos ya mismo. Aquí está tu saco y tus zapatos y ya nos vamos al auto".*

La madre lo toma a Benjamín del brazo y ambos caminan hacia la puerta.

Benjamín: *"¡No! No quiero ir al Jardín Rayito de Sol. Estoy descalzo. La última vez que llegué sin los zapatos puestos los otros niños se rieron de mí".*

Nota: Benjamín se siente avergonzado porque no tendrá los zapatos puestos cuando entre a la guardería infantil lo cual es una consecuencia natural de no estar listo a tiempo.

Madre: *"La gente grande en el Jardín Rayito de Sol te ayudará a ponerte los zapatos. Mañana estaremos listos más temprano".* Madre e hijo salen de la casa.

¡Felicitaciones a esta mamá que empieza a darse cuenta de que el método PARE-PIENSE-ACTÚE y el hablarse racionalmente la ayudan a controlar su ira y , por lo tanto, también ayudan a Benjamín!

Esta mamá le está enseñando a Benjamín a mejorar su conducta a través de su buen ejemplo. Los niños aprenden a controlar su ira observando a sus padres. Cuando los niños ven a sus padres que pierden el control ellos aprenden que es aceptable perder el control "cuando

**PARE-PIENSE-ACTÚE**

Pasos que usted debe seguir cuando empieza a irritarse

PARE

- Aprenda a reconocer los signos indicativos de que se está irritando.
- Abandone la situación.
- Distráigase con otra actividad por unos 60 segundos.

PIENSE

Dígase a sí mismo, *"Me estoy irritando por esta situación"*. Luego pregúntese: *"¿Qué me estoy diciendo a mí mismo sobre la conducta de mi hijo que me hace encolerizar de esta manera?"* Luego diga: *"No necesito encolerizarme para manejar esta conducta-problema"*. Es probable que su ira disminuya.

Decida qué método de SOS va a usar para manejar la conducta problema.

Imagínese usando este método de SOS para manejar la mala conducta de su hijo sin mucha ira.

ACTÚE

Regrese rápidamente a su hijo y la situación ponga en práctica el método de SOS o el plan que decidió.

Cuando ponga en práctica el método de SOS no espere perfección de su parte ni de parte de su hijo. Dígase: *"Ni mi hijo ni yo somos perfectos. Pero estoy esforzándome en controlar mi ira y en mejorar mis habilidades en la crianza de mis hijos. uno está muy enojado"*.

Cuando mi hijo se comporta mal no está causando directamente mi ira. Yo estoy causando mi propia ira por el modo en que veo su mala conducta y por el modo irracional con que me hablo a mí mismo sobre su conducta. Me irrito a mí mismo quejándome que su conducta es horrible, atroz y que no la puedo soportar. Reconozca que usted puede cambiar la conducta de su hijo sin necesidad de irritarse.

Como padres responsables debemos controlar nuestra ira haciéndonos cargo de nuestros sentimientos y de nuestra propia conducta cuando estamos irritados. Cuando reconocemos que tanto lo que nos decimos a nosotros mismos, como nuestras creencias y expectativas sobre la conducta de nuestro hijo controlan directamente nuestros sentimientos y conducta, entonces, somos capaces de retomar el control sobre nuestras palabras y acciones.

**Modos comunes de hablar uno consigo que causan ira**

"Ella no me va a creer que hablo en serio sobre su mala conducta a menos que le demuestre cómo estoy de irritada".

"El tiene que comportarse, debe comportarse o yo soy una madre terrible e ineficiente y todo el mundo lo sabrá".

"Su mala conducta me está indicando que ni me respeta ni le importo".

"Su mala conducta empeorará cada vez más hasta que deje absolutamente de hacer caso".

"Tal vez crezca y se convierta en una delincuente, en una madre irresponsable, etc."

"El modo como se comporta es horrible, es atroz. No puedo soportarlo".

"Tengo que dejar salir la ira y las emociones contenidas o voy a explotar en cualquier momento".

Es comprensible que nos sintamos desilusionados, molestos y enojados con nuestros hijos. Pero es irracional irritarnos al punto de ser capaces de herir física o emocionalmente a los hijos que amamos. No alimente y aumente su propia ira.

Creer en cualquiera de estas afirmaciones puede intensificar enormemente su ira. Y posiblemente usted actúe de manera más hiriente con su hijo o con usted mismo.

También podemos controlar nuestra ira con el conocimiento de una variedad de métodos que ayudan a manejar la mala conducta del niño. *SOS Ayuda Para Padres* enseña más de 20 métodos para manejar más de 40 problemas de conducta diferentes.

## Recuerde Estos Puntos Principales

- Dése cuenta de que su hijo y las situaciones desagradables no causan directamente su ira.
- Usted causa su propia ira por le modo como ve las situaciones y las auto-instrucciones que se da.
- Use el método PARE-PIENSE-ACTÚE y la auto-instrucción racional para controlar su ira.
- Sea un buen ejemplo para su hijo por el modo como controla su ira cuando esté enojado. No use su ira como método para manejar a su hijo.

AYUDA PARA
SOS
PADRES

## Capítulo 24

# Cuestionarios para los padres y las respuestas correspondientes

Cada cuestionario tiene 10 preguntas sobre una de las partes de SOS. Examine su conocimiento de los métodos y las habilidades explicados en SOS señalando las respuestas correctas. Luego revise sus respuestas cotejándolas con las que se dan al final de cada cuestionario.

**Cuestionario Uno**

| | |
|---|---|
| Capítulo 1 | "Por qué los niños se portan bien o mal" |
| Capítulo 2 | "Una comunicación clara mejorará su eficacia en la crianza de sus hijos" |

**Cuestionario Dos**

| | |
|---|---|
| Capítulo 3 | "Modos de fomentar la buena conducta" |
| Capítulo 5 | "Métodos principales para eliminar la mala conducta" |

**Cuestionario Tres**

| | |
|---|---|
| Capítulo 4 | "¿Qué es el Tiempo Fuera de Refuerzo? ¿Cuándo debe ser usado?" |
| Capítulo 6-12 | "Destrezas básicas en el uso del tiempo-fuera" |

**Cuestionario Cuatro**

| | |
|---|---|
| Capítulo 13-18 | "Otras Maneras de Aplicar sus Destrezas en la Crianza de sus Hijos" |

## Cuestionarios para los padres y las respuestas correspondientes

### Cuestionario Uno

Incluye:

Capítulo 1. "Por qué los niños se portan bien o mal"
Capítulo 2. "Una comunicación clara mejorará su eficacia en la crianza de sus hijos"

Escoja la respuesta más apropiada a cada pregunta

1. Cuando usted recompense una conducta, esa conducta:
   a. ocurrirá con más frecuencia en el futuro.
   b. ocurrirá con menos frecuencia en el futuro.
   c. no cambiará en nada.
   d. dejará de ocurrir inmediatamente.

2. Cuando elogie a su hijo por su conducta, lo mejor será:
   a. darle dinero junto con el elogio.
   b. no elogiar con demasiada frecuencia.
   c. elogiar la conducta específica.
   d. todas las respuestas anteriores son correctas.

3. Un error que los padres cometen comúnmente es:
   a. recompensar la buena conducta.
   b. corregir alguna mala conducta.
   c. recompensar la buena conducta demasiado rápido.
   d. dejar de recompensar la buena conducta.

4. Miguel, con su rabieta en el almacén se ganó una golosina. ¿Qué tipo de error cometió la madre de Miguel?:
   a. dejó de recompensar la buena conducta.
   b. accidentalmente corrigió la buena conducta.
   c. accidentalmente recompensó la mala conducta.
   d. todas las respuestas anteriores son correctas.

5. Los padres deberían manejar la conducta de sus hijos de la siguiente manera:
   a. recompensando la buena conducta
   b. evitando recompensar accidentalmente la mala conducta
   c. usando una corrección moderada para modificar algunas malas conductas.
   d. todas las respuestas anteriores son correctas.

6. Los padres dan una orden cuando:
   a. quieren que su hijo pare o muestre una conducta pero sospechan que su hijo no les obedecerá.
   b. una simple petición será obedecida.
   c. quieren que su hijo pare una mala conducta.
   d. quieren que su hijo muestre una buena conducta.

7. Una comunicación clara entre padres e hijos hace que:
   a. haya acuerdo con respecto a "las reglas de la casa".
   b. los problemas de disciplina sean menos frecuentes.
   c. los padres eduquen mejor a sus hijos.
   d. todas las respuestas anteriores son correctas.

8. Una regla que ha sido establecida por ambos padres:
   a. tendrá más posibilidades de ser obedecida por el hijo.
   b. tendrá menos posibilidades de ser obedecida por el hijo.
   c. no debería ser impuesta por ambos padres.
   d. hace que los padres sean ineficaces en la educación de los hijos.

9. "Devuelve esa galletita" es un ejemplo de:
   a. decir el nombre del niño.
   b. dar una orden simple.
   c. apoyar una orden dada.
   d. una expresión facial severa.

10. "¡Míralo! Está siempre haciendo travesuras. Debo ser un mal padre, un padre terrible". Probablemente este comentario lo dijo:
    a. Un padre enojado.
    b. Un padre desesperado.
    c. Un padre que se siente culpable.
    d. Un padre con poca energía.

Respuestas
1. a
2. c
3. d
4. c
5. d
6. a
7. d
8. a
9. b
10. c

# Cuestionarios para los padres y las respuestas correspondientes

**Cuestionario Dos**
Incluye:
Capítulo 3: "Modos de fomentar la buena conducta"
Capítulo 5: "Métodos principales para eliminar la mala conducta".

Escoja la respuesta más apropiada a cada pregunta:

1. Los padres de Bernardo dejan ignoran intencionalmente su sarcasmo. También lo elogian cuando habla cortésmente. Los padres de Bernardo están:
   a. recompensando la conducta insolente.
   b. dando un ejemplo de mala conducta.
   c. recompensando la buena conducta alternativa.
   d. todas las respuestas anteriores son correctas.

2. La Regla de la Abuela dice simplemente:
   a. nunca corrija al niño.
   b. la actividad placentera viene después de la tarea cumplida.
   c. la actividad placentera viene antes de la tarea cumplida.
   d. den muchas galletitas a los niños.

3. El papá de Diana le enseñó a su hija a jugar con el perrito nuevo sin maltratarlo. El papá de Diana estuvo tratando de:
   a. corregir a Diana por maltratar el perrito.
   b. ayudar a Diana a que practique una buena conducta.
   c. aplicar la Regla de la Abuela.
   d. usar ignorar activamente.

4. Fomentamos la buena conducta de nuestro hijo cuando:
   a. recompensamos la buena conducta.
   b. aplicamos ignorar activamente en algunas malas conductas.
   c. ayudamos al niño a practicar la buena conducta.
   d. todas las respuestas anteriores son correctas.

5. Ignorar activamente a un niño que está rezongando:
   a. recompensará sus rezongos.
   b. no cambiará la conducta del niño.
   c. reducirá los rezongos con el tiempo.
   d. es algo imposible de lograr.

6. Cualquier corrección moderada será más efectiva si:
   a. los padres sólo amenazan con usarla.
   b. no se da ninguna razón de la corrección.
   c. los padres se acuerdan también de elogiar la buena conducta alternativa.
   d. todas las respuestas anteriores son correctas.

7. Regañar no es un método efectivo para corregir la mala conducta si su hijo:
   a. le contesta cuando usted lo está regañando.
   b. lo ignora o se sonríe cuando se lo regaña.
   c. le da una rabieta cuando se lo regaña.
   d. todas las respuestas anteriores son correctas.

8. Cuando María rompió la muñeca de su hermanita, sus padres le dieron a la hermanita una de las muñecas de María. Este es un ejemplo de:
   a. consecuencia lógica.
   b. consecuencia natural.
   c. tiempo-fuera de refuerzo.
   d. todas las respuestas anteriores son correctas.

9. Tomás perdió el privilegio de mirar televisión porque llegó después de la hora que se le había ordenado que estuviera de vuelta en casa. Este es un ejemplo de:
   a. consecuencia lógica.
   b. consecuencia natural.
   c. sanción por la conducta.
   d. regaño y desaprobación.

10. La mala conducta puede continuar porque:
    a. las recompensas por la mala conducta son más relevantes que las correcciones.
    b. los padres mismos demuestran o modelan esa mala conducta.
    c. los padres raramente cumplen con la corrección moderada.
    d. todas las respuestas anteriores son correctas.

Respuestas
1. c
2. b
3. b
4. d
5. c
6. c
7. d
8. a
9. c
10. d

## Cuestionario para padres y las respuestas correspondientes

**Cuestionario Tres:**
Incluye:

Capítulo 4: "¿Qué es el tiempo-fuera? ¿Cuándo debe ser usado?"

Capítulos 6-12: "Destrezas básicas en el uso del tiempo-fuera"

Escoja la respuesta más apropiada a cada pregunta

1. Luego de que el tiempo-fuera haya terminado, los padres deben preguntarle a su hijo:
   a. "Todavía los quieres a mamita y papito"
   b. "¿Puedes pedir disculpas?"
   c. "¿Prometes ser bueno?"
   d. "¿Por qué estuviste en tiempo-fuera?"

2. El tiempo-fuera es un método efectivo para reducir la mala conducta en niños de:
   a. uno a cinco años de edad.
   b. dos a doce años de edad.
   c. seis a doce años de edad.
   d. diez a dieciseis años de edad.

3. El tiempo-fuera no es muy efectivo en reducir:
   a. conductas que los padres no han observado.
   b. las burlas o respuestas insolentes de los hijos.
   c. el que el niño arrebate los juguetes.
   d. el que el niño escupa a los demás.

4. El momento más oportuno para demostrar y explicar el tiempo-fuera a su hijo es:
   a. cuando usted o su hijo están enojados.
   b. antes de que usted aplique el tiempo-fuera.
   c. mientras usted está usando el tiempo-fuera por primera vez.
   d. todas las respuestas anteriores son correctas.

5. El lugar que se elija para el tiempo-fuera tiene que ser:
   a. aburrido y seguro.
   b. la habitación del niño.
   c. un lugar que atemorice.
   d. un lugar donde estén los juguetes del niño.

6. Se necesita un cronómetro porque:
   a. los cronómetros no "se olvidan" del niño.
   b. los niños también toman responsabilidad en salir de tiempo-fuera como corresponde.
   c. el tic-tac del cronómetro permite que los demás sepan que "el tiempo-fuera está en marcha".
   d. todas las respuestas anteriores son correctas.

7. "¡David! No puedo creer que estés hostigando a tu hermana otra vez. Vete a tiempo-fuera, esta vez por 20 minutos. El papá de David acaba de cometer el siguiente error:
   a. sólo amenzar con usar el tiempo-fuera.
   b. usar un período muy largo de tiempo-fuera.
   c. no elegir el lugar adecuado para el tiempo-fuera.
   d. todas las respuestas anteriores son correctas.

8. Si su hijo grita durante el tiempo-fuera usted debe:
   a. regañar a su hijo por ser tan ruidoso.
   b. dejar de usar el tiempo-fuera.
   c. ignorar el ruido y agregar de uno a tres minutos si continúa haciendo ruido cuando la alarma del cronómetro suene.
   d. darle al niño una sanción por la conducta o una paliza.

9. Cuando el niño está enfadado con sus padres luego de haber estado en tiempo-fuera, los padres deben:
   a. disculparse por usar el tiempo-fuera.
   b. ignorar sus quejas y darse cuenta de que él tiene derecho a sus sentimientos.
   c. ponerlo nuevamente en tiempo-fuera.
   d. ofrecerle una golosina o un helado.

10. Durante las primeras semanas que los padres están usando el tiempo-fuera, deben esperar que su hijo:
   a. pare completamente de comportarse mal.
   b. vaya a tiempo-fuera sin ninguna queja ni protesta.
   c. se disculpe por su mala conducta.
   d. "pruebe" y desafíe el nuevo método de disciplina de sus padres.

Respuestas
1. d
2. b
3. a
4. b
5. a
6. d
7. b
8. c
9. b
10. d

## Cuestionario para los padres y las respuestas correspondientes.

**Cuestionario Cuatro**
Incluye:
Capítulos 13-18: "Otras Maneras de Aplicar sus Destrezas en la Crianza de sus Hijos"

Escoja la respuesta más apropiada a cada pregunta

1. Las fichas y recompensas de puntos pueden ser intercambiadas por:
   a. elogios.
   b. estar libre del tiempo-fuera.
   c. privilegios especiales o juguetes baratos.
   d. todas las respuestas anteriores son correctas.

2. El modo más fácil y efectivo de mejorar la conducta es:
   a. recompensar la buena conducta.
   b. corregir la mala conducta.
   c. usar el tiempo-fuera.
   d. preocuparse e inquietarse mucho.

3. Un contrato entre padres e hijos debe ponerse por escrito e incluir:
   a. los deberes del niño únicamente.
   b. los deberes de cada uno y las consecuencias si el contrato no se mantiene.
   c. ninguna posibilidad de cambiar el contrato.
   d. sólo la firma de los padres.

4. Poner en tiempo-fuera a dos niños reduce las peleas porque:
   a. ambos niños reciben la misma corrección moderada.
   b. los padres no están recompensando a los niños con su atención.
   c. los padres no tienen que decidir cuál de los niños es culpable y cuál es inocente.
   d. todas las respuestas anteriores son correctas.

5. Un niño agresivo que amenaza con herir a otro niño debe:
   a. recibir tiempo-fuera de refuerzo.
   b. ser ignorado.
   c. recibir una paliza.
   d. recibir mucha atención.

6. La escucha refleja exige que los padres:
   a. presten atención al niño cuando expresa sus sentimientos.
   b. repita los sentimientos que el niño expresó y la situación que describió.
   c. den consejos o sugerencias sólo después de que el niño haya expresado sus sentimientos.
   d. todas las respuestas anteriores son correctas.

7. Los calendarios de recompensas de puntos son efectivos porque:
   a. los niños ganan puntos por portarse mal.
   b. los niños pueden comprar recompensas con los puntos que se ganaron.
   c. los padres no necesitan elogiar.
   d. todas las respuestas anteriores son correctas.

8. Antes de usar el tiempo-fuera en lugares públicos o mientras se visita a los amigos:
   a. el niño debe haberse acostumbrado a recibir el tiempo-fuera en casa.
   b. los padres deben decirle al niño cómo esperan que se comporte en público.
   c. los padres deben estar preparados para bregar con las interferencias de los demás.
   d. todas las respuestas anteriores son correctas.

9. Cuando dos niños no paran de pelearse por un juguete, los padres deberían:
   a. regañarlos y hacerlos que se turnen.
   b. poner a los niños o al juguete en tiempo-fuera.
   c. donar el juguete a una entidad de caridad.
   d. comprarle a cada niño un juguete nuevo.

10. La escucha refleja exige que los padres:
    a. regañen al niño si éste expresa planes irracionales.
    b. den sugerencias sólo antes de que el niño haya expresado sus sentimientos.
    c. den sugerencias sólo después de que el niño haya expresado sus sentimientos.
    d. todas las respuestas anteriores son correctas.

Respuestas
1. c
2. a
3. b
4. d
5. a
6. d
7. b
8. d
9. b
10. c

http://www.sosprograms.com

# Apéndices

http://www.sosprograms.com

El programa del *DVD Video SOS Ayuda Padres* y el libro *Ayuda Para Padres* se usan en los programas de formación de maestros.

Apéndice A

# SOS DVD Video Educativo y Programa de Asesoramiento para Padres

ESCENA DEL DVD VIDEO SOS

*"¡Gracias por atarle los cordones de los zapatos a tu hermana!"*

SOS Ayuda Para Padres es un libro y un programa de educación para padres en video que ayuda a los niños entre 2 y 12 años a que mejoren su conducta y su adaptación emocional. Este programa ha sido recomendado internacionalmente tanto por psicólogos, pediatras, psiquiatras infantiles, maestros, y demás profesionales como por padres. SOS enseña más de 20 métodos para ayudar a los niños y ofrece una de las instrucciones disponibles más completas para el empleo de tiempo-fuera.

El objetivo de SOS es ayudar a los padres a que sean mejores padres a través del desarrollo de sus habilidades en el

> "El enfoque audiovisual del programa SOS Help For Parents presenta información accesible tanto para padres como niños en todos los niveles de adaptación y funcionamiento."
> - *Journal of Marital And Family Therapy*

manejo de la conducta de los niños. Aquellos profesionales que educan, asesoran o brindan servicios a los niños y sus familias encontrarán en SOS una herramienta muy útil en la educación y asesoramiento de los padres. La lectura de *SOS Ayuda Para Padres* es placentera y la información es de fácil comprensión.

## El DVD Video SOS Ayuda Para Padres

El programa de video SOS es usado por consejeros, clínicas pediátricas y programas infantiles, grupos de padres, educadores, iglesias, guarderías infantiles y profesionales del servicio social. El programa de video SOS está dirigido a talleres para padres, educación del personal, entrenamiento docente, y uso en el aula.

Durante los tres primeros minutos del video se presentan instrucciones en español para la persona que presentará el programa. La guía del video Video Leader's Guide también ofrece intrucciones para el líder pero todavía no ha sido traducida al español.

La Primera Parte del video se puede ver individualmente o en grupo. Dura 26 minutos y enseña 20 métodos para ayudar a los niños.

Para la Segunda Parte, un líder del grupo tiene que guiar la discusión que sigue a cada una de las 43 escenas parentales. Cada participante recibe un Folleto para Padres que enumera 20 reglasen la crianza de los niños y errores más comunes en el manejo de la conducta. Se le pide a los participantes que identifiquen en las escenas presentadas las reglas y métodos que se explican en los folletos. Este método de enseñanza le da al guía del grupo información inmediata sobre el nivel de aprendizaje de los participantes.

El programa de video completo necesita de unas tres sesiones para ser presentado en su totalidad.

ESCENA DEL DVD VIDEO SOS

*"Quiero una Coca Cola. ¡Dame una Coca Cola ya mismo!"*

La madre está recompensando accidentalmente la mala conducta.

Algunas veces los niños demandan insistentemente y con rabietas para forzar a los padres a que les den lo que quieren. Desafortunadamente, muchos padres se dan por vencidos y recompensan accidentalmente las rabietas y la insistencia de los niños.

Por ejemplo, cuando Miguel se va enojando cada vez más, su madre le da lo que quiere, el helado y la Coca. Anteriormente, la mamá le había dicho a Miguel que "no había postre porque no había comido su comida."

Miguel ha aprendido accidentalmente que si pide insistentemente y se enoja, consigue lo que quiere. Si este modo de actuar se vuelve habitual, Miguel correrá el riesgo de tener graves problemas emocionales y de conducta tanto en la adolescencia como en la vida adulta.

Para ver una muestra breve del video, vaya a "Español Video Sample" en nuestra página de internet <http://www.sosprograms.com>

SOS
AYUDA PARA
PADRES
Una Guía Práctica para Manejar Problemas
de Conducta Comunes y Corrientes
Lynn Clark, Ph.D.

Apéndice B

# SOS Hojas de resumen para los padres

Estas son hojas de referencia para padres y maestros. Sintetizan normas de crianza importantes descriptas a lo largo del libro *SOS Ayuda Para Padres*. Estas hojas se pueden fotocopiar para uso no personal.

http://www.sosprograms.com

## Reglas Básicas y Errores Comunes en la Crianza del Niño

Que puede hacer para ayudar a su hijo o hija a que mejore su conducta? *Siga las cuatro reglas básicas en la crianza de los niños y evite cuatro errores.* Estas reglas y errores se explican en el Capítulo Uno del programa *SOS Ayuda Para Padres.*

### Tres Reglas en la Crianza del Niño
### Lista de Verificación de los Padres

**Regla #1.** Recompense la buena conducta (hágalo rápidamente y a menudo).

**Regla #2.** "Por descuido", no recompense la mala conducta.

**Regla #3.** Corrija alguna conducta mala (pero con una corrección moderada).

### "Descuidos" Que Causan Problemas En La Conducta Del Niño - Cuatro Errores Que Se Deben Evitar

**Error #1.** Los padres no recompensan la buena conducta

**Error #2.** Los padres "por descuido" corrigen al niño cuando se porta bien

**Error #3.** Los padres "por descuido" recompensan la mala conducta

**Error #4.** Los padres no corrigen la mala conducta (cuando una corrección moderada debiera ocurrir)

## Recompensas Que Les Gustan a Los Niños

*¡Estupendo! ¡Estás aprendiendo a atar los cordones de tus zapatos!*

Incentivos, alabanzas y caricias fortalecen la buena conducta.

### Recompensas Que Les Gustan a Los Niños

| Recompensas Sociales | Actividades y Privilegios que Recompensan | Recompensas Materiales |
|---|---|---|
| Sonrisas | Jugar a las cartas con la madre | Helados |
| Abrazos | Paseo al parque | Pelotas |
| Palmaditas | Hojear un libro con el padre | Dinero |
| Atención | Ayudar en la cocina | Libros |
| Caricias | Ver televisión | Saltar a la soga |
| Aplausos | Invitar a algún amigo | Globos |
| Guiños | Jugar a la pelota con el padre | Yo-yo |
| Elogios | Compartir un juego | Linterna |
| *"Buen trabajo"* | Salir a comer pizza juntos | Postre especial |
| *"Bien hecho"* | | CD |

Basado en el libro *SOS Ayuda Para Padres: Una Guía Práctica para Manejar Problemas de Conducta Comunes y Corrientes* – 

## Cómo dar Instrucciones y Ordenes Efectivas a su Niño

Todo padre o madre debe ser capaz, de vez en cuando, de dar instrucciones y órdenes claras y efectivas. También debe estar listo a apoyar las órdenes dadas. Una orden es la demanda que se le hace al niño para que deje de hacer algo inmediatamente.

¿En qué circunstancias se deben dar órdenes? Déle una orden a su niño cuando usted quiere que pare una mala conducta y piensa que él desobedecerá un simple pedido de parar esa mala conducta. También dele una orden a su niño cuando usted quiere que haga algo y piensa que él desobedecerá un simple pedido de iniciar esa conducta.

¿De qué manera debe Ud. dar órdenes? Siga las pautas indicadas a continuación.

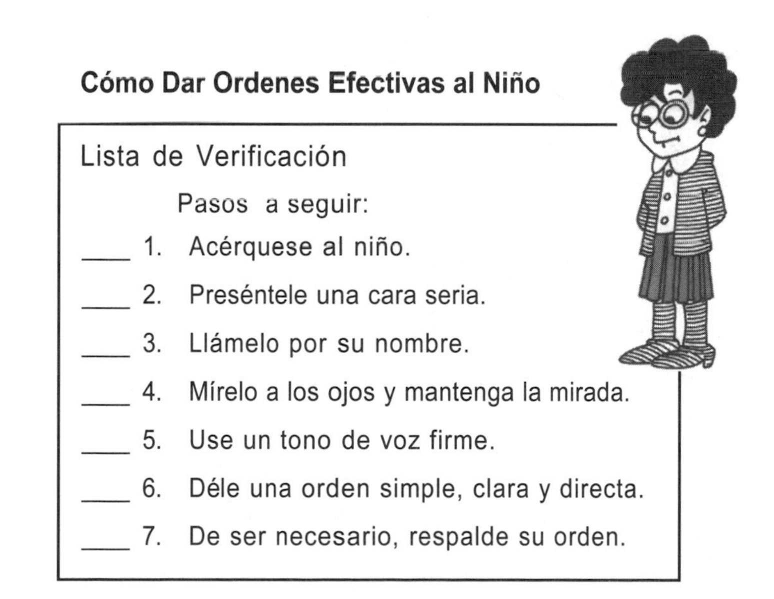

### Cómo Dar Ordenes Efectivas al Niño

Lista de Verificación

Pasos a seguir:

___ 1. Acérquese al niño.

___ 2. Preséntele una cara seria.

___ 3. Llámelo por su nombre.

___ 4. Mírelo a los ojos y mantenga la mirada.

___ 5. Use un tono de voz firme.

___ 6. Déle una orden simple, clara y directa.

___ 7. De ser necesario, respalde su orden.

## Pasos Básicos en el Uso Inicial del Tiempo-Fuera

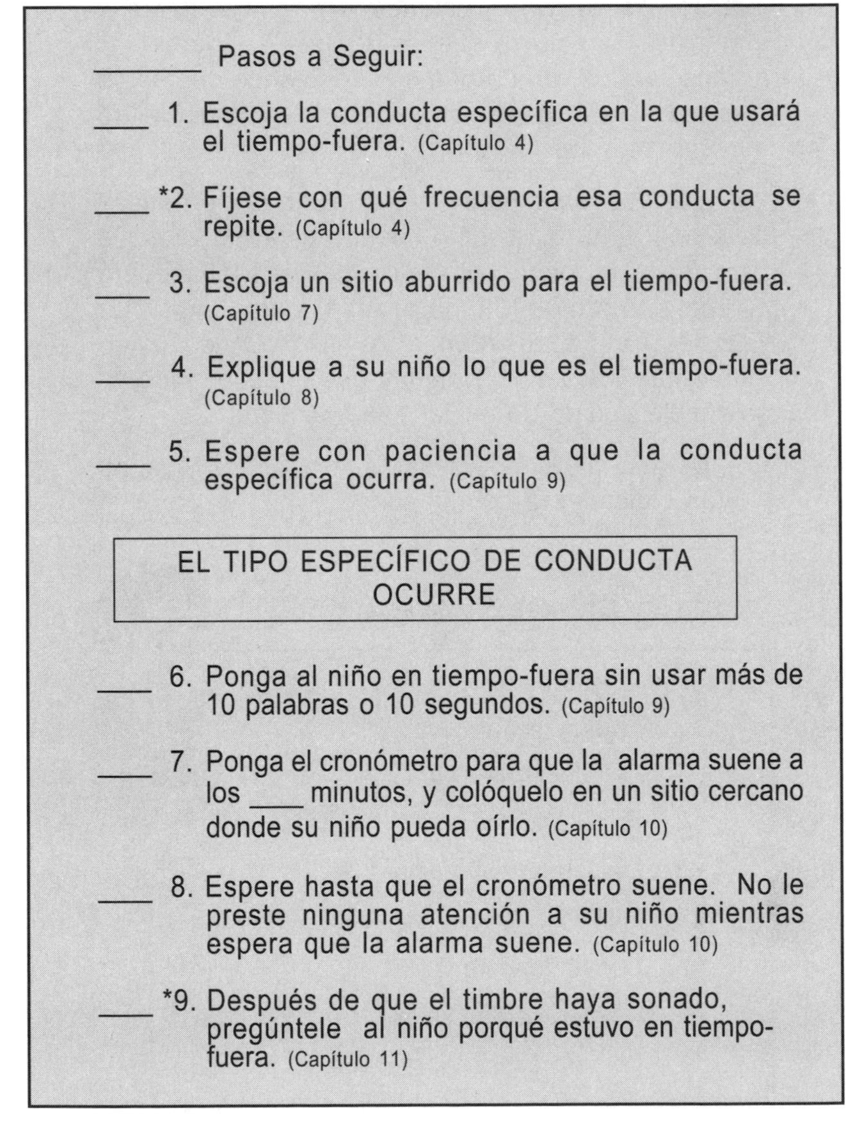

_______ Pasos a Seguir:

____ 1. Escoja la conducta específica en la que usará el tiempo-fuera. (Capítulo 4)

____ *2. Fíjese con qué frecuencia esa conducta se repite. (Capítulo 4)

____ 3. Escoja un sitio aburrido para el tiempo-fuera. (Capítulo 7)

____ 4. Explique a su niño lo que es el tiempo-fuera. (Capítulo 8)

____ 5. Espere con paciencia a que la conducta específica ocurra. (Capítulo 9)

EL TIPO ESPECÍFICO DE CONDUCTA OCURRE

____ 6. Ponga al niño en tiempo-fuera sin usar más de 10 palabras o 10 segundos. (Capítulo 9)

____ 7. Ponga el cronómetro para que la alarma suene a los ____ minutos, y colóquelo en un sitio cercano donde su niño pueda oírlo. (Capítulo 10)

____ 8. Espere hasta que el cronómetro suene. No le preste ninguna atención a su niño mientras espera que la alarma suene. (Capítulo 10)

____ *9. Después de que el timbre haya sonado, pregúntele al niño porqué estuvo en tiempo-fuera. (Capítulo 11)

* Estos dos pasos son importantes pero no son indispensables.

# SOS Métodos de Corrección Moderada — Cuadro Comparativo para Padres

| Formas de Corrección Moderada | Edad del Niño | Efectividad de la Corrección Moderada | Tipo de Conducta que Se Corrige | Cuán Pronto Se Emplea |
|---|---|---|---|---|
|  **Tiempo Fuera** | De los 2 a los 12 años de edad | Muy efectivo | Todo tipo, en especial casos dificiles de manejar | De ser posible, inmediatamente |
|  **Regaño y Desaprobación** | A cualquier edad | Efectividad moderada | Todo tipo | Inmediatamente o poco después |
| **Consecuencias Naturales**  | A cualquier edad | Efectivo | Ciertos tipos | Inmediatamente o poco después |
| **Consecuencias Lógicas**  *"¡No pudes usar los colores por una semana!"* | De los tres a los años de adolescencia | Efectivo | Casi todo tipo | Inmediatamente o poco después |
| **Sanción por la Conducta**  *"A los otros no les gusta que alcahuetee...."* | De los cinco a los años de adolescencia | Efectivo | Todo tipo | Inmediatamente o poco después |

## Pasos básicos para controlar la conducta agresiva o peligrosa — Lista de verificación para los padres

_____ **Pasos que se deben seguir inmediatamente**

_____ 1. Detenga la conducta.

_____ 2. Regáñelo brevemente y describa la conducta inaceptable.

_____ 3. Póngalo en tiempo-fuera inmediatamente

**Luego de que el tiempo-fuera haya terminado**

_____ 4. Pídale que le diga qué es lo que hizo que era agresivo y peligroso.

_____ 5. Ayúdelo a describir una o dos maneras de comportarse en el futuro que no son ni agresivas ni peligrosas. Recompénselo con elogios luego de que le haya nombrado estas maneras de comportarse.

_____ 6. Prosiga con una consecuencia lógica moderada o sanción por la conducta (Vea el Capítulo 5)

_____ 7. Use la *escucha refleja* si su hijo tiene ganas de hablar. (Capítulo 18)

## Darle nombre a los sentimientos

**NOMBRES PARA SENTIMIENTOS AGRADABLES**

***SOS***

| | |
|---|---|
| *aceptado, querido* | *contento* |
| *apreciado* | *bien, fenomenal* |
| *capaz, confiado* | *agradecido* |
| *exitoso* | *complacido* |
| *cómodo, relajado* | *amado, querido* |
| *entusiasmado* | *satisfecho, feliz* |
| *alegre, exaltado* | *disfrutar, gustar* |
| *esperanzado, optimista* | *orgulloso* |
| *animado* | *seguro, a salvo* |

**NOMBRES PARA SENTIMIENTOS DESAGRADABLES**

| | |
|---|---|
| *enojado, irritado* | *infeliz, desdichado* |
| *resentido, vengativo* | *tratado injustamente* |
| *irascible, malhumorado* | *descuidado, no querido* |
| *asustado, atemorizado* | *descorazonado, desanimado* |
| *desilusionado, traicionado* | *avergonzado* |
| *solo, abandonado* | *herido* |
| *rechazado, sin amigos* | *cansado* |
| *inútil, desvalorizado* | *aburrido* |
| *estúpido, tonto* | *confundido* |
| *tenso, malhumorado* | *frustrado* |
| *preocupado, ansioso* | *inferior* |
| *inseguro* | *culpable* |

Estas dos listan dan nombre a sentimientos negativos y positivos que tanto niños como adultos sienten con más frecuencia. Para convertir la lista en una ficha de bolsillo, fotocopie la hoja, corte por la línea interna, doblela y péguela con cinta.

El Capítulo 18 de *SOS Ayuda Para Padres* describe los pasos básicos para "ayudar a su niño a que exprese sus sentimientos."

## El calendario de recompensas de puntos para mejorar varias conductas

| PUNTOS GANADOS | | | | | | | |
|---|---|---|---|---|---|---|---|
| **Lista de buenas conductas (y los puntos posibles)** | **D** | **L** | **M** | **M** | **J** | **V** | **S** |
| | | | | | | | |
| | | | | | | | |
| | | | | | | | |
| | | | | | | | |
| | | | | | | | |
| | | | | | | | |
| | | | | | | | |
| TOTAL DE PUNTOS GANADOS | | | | | | | |

Este calendario lleva el registro de varias conductas durante una semana. Ponga un calendario nuevo para cada semana.

Al final de cada día sume el número total de puntos que su hijo ha ganado. Cuando su hijo use los puntos ganados, crúcelos con una rayita en el renglón inferior del calendario.

El Capítulo 14 de *SOS Ayuda Para Padres* describe cómo usar la recompensa de puntos para mejorar la conducta.

## SOS Modelo de Menú de Recompensas

| Menú de recompensas | |
|---|---|
| Recompensa | Costo en puntos |

Este menú enumera varias recompensas materiales y privilegios. También enumera cuántos puntos o fichas su hijo debe pagar por cada recompensa. Cuelgue este menú junto al calendario de recomepensas de puntos.

Estas normas de crianza están en el Capítulo 14 de *SOS Ayuda Para Padres* de Lynn Clark.

## Modelo de contratos entre padres e hijos

CONTRATO SOS

Yo, ________, me comprometo ________________
(Niño)

________________________________________

________________________________________

________________________________________

________________________________________

Nosotros, mamá y papá, nos comprometemos ____

________________________________________

________________________________________

________________________________________

________________________________________

________________________________________

Fecha en que este contrato comienza: ____________

Fecha en que este contrato termina: ____________

Fecha en que el contrato fue firmado: ____________

Acordado entre:

Niño ______________________________
(Firma del niño)

Mamá ______________________________
(Madre)

Papá ______________________________
(Padre)

El contrato ayuda a las familias mediante la clarificación de acuerdos y responsibilidades.

Cómo usar los contratos entre padres e hijos se explica en el Capítulo 14 de *SOS Ayuda Para Padres*.

## Información de los maestros a los padres

*"¡Lo único que hice fue GOLPEAR a Juan una sola vez!"*

Queridos Padres:

De vez en cuando, los problemas de conducta se manifiestan en todas las aulas escolares. El Tiempo-Fuera es un método no agresivo e inofensivo que ayuda a los niños con sus problemas de conducta. Tiempo-Fuera consiste en poner al niño en un lugar no atractivo y aburrido por un tiempo breve inmediatamente después de que el niño haya mostrado una mala conducta.

El Tiempo-Fuera se usa en conductas tales como: golpear, patear, empujar, arañar, morder, escupir o amenazar a los demás, o en conductas que son peligrosas para el niño mismo. Algunas veces los niños reciben Tiempo-Fuera por arrebatarle las cosas a los demás, desobedecer repetidamente las reglas de la clase, insultar, chillar con rabia o responder con insolencia.

El Tiempo-Fuera también se puede usar para corregir la mala conducta en casa. Estoy a su disposición si desea hacerme preguntas sobre el Tiempo-Fuera u otros métodos que uso en el manejo de la conducta de sus hijos.

________________________
(maestra)

Los maestros pueden fotocopiar este modelo de carta a los padres sacado de *SOS Ayuda Para Padres* de Lynn Clark.

SOS
AYUDA PARA
PADRES
Una Guía Práctica para Manejar Problemas de Conducta Comunes y Corrientes
SOS
Lynn Clark, Ph.D.

SOS
HELP FOR
PARENTS
A PRACTICAL GUIDE FOR HANDLING COMMON EVERYDAY BEHAVIOR PROBLEMS
SOS
Lynn Clark, Ph.D.

Apéndice C

# Traducción al inglés de términos de SOS

| Término en español | Translation Into Inglés |
| --- | --- |
| SOS Ayuda Para Padres: Una Guía Práctica para Manejar Problemas de Conducta Comunes y Corrientes | SOS Help For Parents: A Practical Guide For Handling Common Everyday Behavior Problems |
| tres reglas básicas *y* cuatro errores comunes en la crianza del niño | three basic child rearing rules and four errors |
| Regla #1: Recompense la buena conducta (y hágalo rápidamente y a menudo). | Rule #1: Reward good behavior (and do it quickly and often). |
| Regla #2: "Por descuido", no recompense la mala conducta. | Rule #2: Don't "accidentally" reward bad behavior. |
| Regla #3: Corrija alguna conducta mala (pero con una corrección moderada). | Rule #3: Correct some bad behavior (but use mild correction only). |
| Error #1: Los padres no recompensan la buena conducta. | Error #1: Parents fail to reward good behavior. |

| | |
|---|---|
| Error #2: Los padres "por descuido "corrigen al niño cuando se porta bien. | Error #2: Parents "accidentally" correct good behavior. |
| Error #3: Los padres "por descuido" recompensan la mala conducta. | Error #3: Parents "accidentally" reward bad behavior. |
| Error #4: Los padres no corrigen la mala conducta (cuando una corrección moderada debiera ocurrir). | Error #4: Parents fail to correct bad behavior (when mild correction is indicated). |
| recompensas | rewards<br>Español term also considered:<br>premios |
| recompensas sociales | social rewards<br>Español term also considered:<br>premios de la vida social |
| actividades que recompensan | activity rewards<br>Español term also considered:<br>actividades que premian |
| actividades y privilegios que recompensan | activity and privilege rewards<br>Español term also considered:<br>... premian |
| recompensas materiales | material rewards<br>Español term also considered:<br>premios ... |
| recompensa de fichas | token rewards |
| recompensa de puntos | point rewards |

| | |
|---|---|
| corrección | correction |
| métodos de corrección moderada | methods of mild correction<br>español term also considered:<br>leve, formas de corrección moderada |
| tiempo-fuera | time-out<br>español term also considered:<br>tiempo en aislamiento |
| tiempo fuera de refuerzo | time-out from reinforcement |
| cronómetro | timer<br>Español term also considered:<br>medidor de tiempo, temporizador |
| cronómetro portátil | portable timer<br>Español term also considered:<br>medidor de tiempo portátil, |
| consecuencias naturales | natural consequences |
| consecuencias lógicas | logical consequences |
| regaño y desaprobación | scolding and disapproval |
| sanción por la conducta | behavior penalty (response cost)<br>Español term also considered:<br>penitencia por la conducta<br>penalidad por la conducta<br>pena por la conducta |
| conducta elegida | target behavior (selected behavior)<br>Español term also considered:<br>conducta seleccionada<br>conducta objectivo |
| la regla de la abuela | grandma's rule (premack principle) |

| | |
|---|---|
| ignorar activamente | active ignoring<br>Español term also considered:<br>no hacer caso intencionadamente |
| cómo dar instrucciones y órdenes efectivas a su niño | how to give effective instructions and commands to your child |
| escucha refleja | reflective listening (active listening)<br>Español terms also considered:<br>escucha reflexiva, escucha atenta |
| trastorno por déficit de atención con hiperactividad | attention deficit/hyperactivity disorder |
| Problema de aprendizaje | learning disability |

Kaplan, Steven M. (1995). *Wiley's English-Spanish Spanish-English dictionary of psychology and psychiatry = Diccionario de psicología y psiquiatría inglés-español español-inglés.* New York, NY: John Wiley & Sons, Inc.

# BIBLIOGRAFIA

American Psychiatric Association. (1994). *Diagnostic and statistical manual of mental disorders.* (4 th. ed.). Washington, DC: Author.

Bandura, A., & Walters, R. H. (1963). *Social learning and personality development.* NY: Holt, Rinehart & Winston.

Barkley, R. A. (1981). *Hyperactive children: A handbook for diagnosis and treatment.* NY: Guilford Press.

Barrish, H., & Barrish, I. (1989). *Managing and understanding parental anger.* Kansas City, MO: Westport Publishers.

Bernal, M. E. (1984). Consumer issues in parent training. In R. F. Dangel & R. A. Polster (Eds.), *Parent Training: Foundations of research and practice.* (pp. 477-546). NY: Guilford Press.

Bernal, M. E., & North, J. A. (1978). A survey of parent training manuals. *Journal of Applied Behavior Analysis*, 11, 533-544.

Brooks, N., Perry, V., & Hingerty, E. (1992). Modifying behavior through time-out from positive reinforcement. *Vocational Evaluation and Work Adjustment Bulletin*, 25, 93-95.

Christophersen, E. R. (1990). *Beyond disclpline.* Kansas City, MO: Westport Publishers.

Clark, L. (1972). *Time out and 10-10-10.* Unpublished manuscript.

Clark, L. (1989). *The time-out solution*. NY: Contemporary Books. This condensed version of *SOS Help for parents* was available from 1989 to 1994.

Clark, L. (2002). SOS help for emotions:Managing anxiety, anger, and depression. (2nd ed.). Bowling Green, KY: Parents Press.

Corey, G. (1996). *Theory and practice of counseling and psychotherapy*. (5th ed.). Pacific Grove, CA: Brooks/Cole Publishing Company.

Curran, D. (1989). *Working with parents*. Circle Pines, MN: American Guidance Service.

Dangel, R. F., & Polster, R. A. (1988). *Teaching child management skills.* NY: Pergamon Press.

DeRisi, W. J., & Butz, G. (1975). *Writing behavioral contracts: A Case simulation practice manual.* Champaign, IL: Research Press.

Dinkmeyer, D., & McKay, G. (1989). *The parent's handbook: systematic training for effective parenting.* Circle Pines, MN: American Guidance Service.

Dinkmeyer, D., & McKay, G. (1990). *Parenting teenagers: systematic training for effective parenting of teens.* Circle Pines, MN: American Guidance Service.

Dreikurs, R., & Soltz, V. (1964). *Children: The challenge.* NY: Hawthorn Books.

Dryden, W., & DiGiuseppe, R. (1990). *A primer on rational-emotive therapy.* Champaign, IL: Research Press.

Egan, G. (1990). *The skilled helper: A systematic approach to effective helping.* (4th ed.). Pacific Grove, CA: Brooks/Cole Publishing Company.

Ellis, A. (1994). *Reason and emotion in psychotherapy.* NY: Birch Lane.

Fee, V., Matson, J., & Manikam, R. (1990). A control group outcome study of a nonexclusionary time-out package to improve social skills with preschoolers. *Exceptionality*, 1, 107-121.

Faber, A., & Mazlish, E. (1980). *How to talk so kids will listen & listen so kids will talk.* NY: Avon.

Forehand, R. (1993). Twenty years of research on parenting: Does it have practical implications for clinicians working with parents and children? *The Clinical Psychologist*, 46, 169-176.

Forehand, R. L., & McMahon, R. J. (1981). *Helping the noncompliant child.* NY: Guilford Press.

Fox, R., Fox, A., & Anderson, R. (1991). Measuring the effectiveness of the Star parenting program. *Psychological Reports*, 68, 35-40.

Gast, D. L., & Nelson, C. M. (1977). Legal and ethical considerations for the use of timeout in special education settings. *Journal of Special Education,* 11, 457-467.

Ginott, H. (1965). *Between parent and child.* NY: Avon.

Ginott, H. (1971). *Between parent and teenager.* NY: Avon.

Goldstein, S., & Goldstein, M. (1992). *Hyperactivity why won't my child pay attention.* NY: John Wiley & Sons.

Gordon, T. (1970). *P.E.T.: Parent effectiveness training.* NY: Plume.

Hansen, D. J., Tisdelle, D. A., & O'Dell, S. L. (1984). Teaching parents time-out with media materials: The importance of observation and feed-back. *Child and Adolescent Psychiatry, 1,* 20-25.

Harris, T. (1967). *I'm ok — You're ok.* NY: Avon.

Hobbs, S. A., & Forehand, R. (1977). Important parameters in the use of timeout with children: A re-examination. *Journal of Behavior Therapy and Experimental Psychiatry,* 8, 365-370.

Hobbs, S. A., Forehand, R., & Murray, R. G. (1978). Effects of various durations of timeout on the noncompliant behavior of children. *Behavior Therapy,* 9, 652-659.

Horn, A. M., & Sayger, T. V. (1990). *Treating conduct and oppositional defiant disorders in children.* NY: Pergamon Press.

Lindsley, O. R. (1966). An experiment with parents handling behavior at home. *Johnstone Bulletin,* 9, 27-36.

Long, P., Forehand, R., Wierson, M., Morgan, A. (1994). Does parent training with young noncompliant children have long-term effects? *Behavior Research and Therapy*, 32, 101-107.

Ingersoll, B. (1988). *Your hyperactive child.* NY: Doubleday.

Ingersoll, B., & Goldstein, S. (1993). *Attention deficit disorder and learning disabilities*. NY: Doubleday.

Martin, G., & Pear, J. (1996). *Behavior modification: What it is and how to do it.* (5th ed.). Upper Saddle River, NJ: Prentice-Hall, Inc.

Matson, J. L., & Dilorenzo, T. M. (1984). *Punishment and its alternatives: A new perspective for behavior modification.* NY: Springer Publishing Co.

McGuffin, P. W. (1991). The effect of time-out duration on frequency of aggression in hospitalized children with conduct disorders. *Behavioral Residential Treatment*, 6, 279-288.

National Association of School Psychologists. (1995). *Solve your child's school-related problems*. NY: Harper Perennial.

Newby, R. F., Fischer, M., Roman, M. A. (1991). Parent training for families of children with ADHD. *School Psychology Review*, 20, 252-265.

Patterson, G. R. (1975). *Families: Applications of social learning to family life.* Champaign, IL: Research Press.

Patterson, G. R. (1976). *Living with children: New methods for parents and teachers.* Champaign, IL: Research Press.

Patterson, G. R. (1982). *A social learning approach. Vol. 3. Coercive family process.* Eugene, OR: Castalia Publishing Co.

Patterson, G. R. (1984, November). *Prevention of anitsocial behavior: A problem in three levels.* Paper presented at the meeting of Association for Advancement of Behavior Therapy, Philadelphia, PA. The term "nattering" was coined by J. Reid.

Patterson, G., & Forgatch, M. (1987). *Parents and adolescents living together - Part 1: The basics.* Eugene, OR: Castalia Publishing Co.

Patterson, G., & Forgatch, M. (1989). *Parents and adolescents living together - Part 2: Family problem solving.* Eugene, OR: Castalia Publishing Co.

Polster, R. A., & Dangel, R. F. (Eds.). (1984). *Parent training: Foundations of research and practice.* NY: Guilford Press.

Premack, D. (1959). Toward empirical behavior laws: 1. positive reinforcement. *Psychological Review,* 66, 219-233.

Roberts, M. W. (1982). *Parent handouts 1,2,3.* (Available from Mark Roberts, Idaho State University, Pocatello, ID.)

Roberts, M. W. (1982). Resistance to timeout: Some normative data. *Behavioral Assessment,* 4, 237-246.

Roberts, M. W., McMahon, R. J., Forehand, R., & Humphreys, L. (1978). The effect of parental instruction-giving on child compliance. *Behavior Therapy,* 9, 793-798.

Roberts, M., & Powers, S. (1990). *Behavior Therapy*, 21, 257-271.

Schaefer, C. (1994). *How to talk to your kids about really important things*. San Francisco, CA: Jossey-Bass Publishers.

Schroeder, C. S., Gordon, B. N., & McConnel, P. (1987). Behavior management books for parents. *Journal Of Clinical Child Psychology*, 16, 89-95.

Wierson, M., & Forehand, R. (1994). Parent behavioral training for child noncompliance: Rational, concepts, and effectiveness. *Current Directions in Psychological Science*, 5, 146-150.

White, A., & Bailey, J. (1990). Reducing disruptive behaviors of elementary physical education students with sit and watch. *Journal of Applied Behavior Analysis*, 23, 353-359.

# SOS Help For Emotions:
## Managing Anxiety, Anger And Depression

# SOS Ayuda A Las Emociones:
## Cómo controlar la ansiedad, la cólera y la depresión

**Disponible sólo en Inglés**

***¡Controle sus emociones antes de que éstas lo controlen a usted!***

***SOS Help For Emotions"*** Lo puede ayudar a:

- Conocer sus emociones
- Controlar sus emociones
- Estar más contento
- Lograr sus objetivos
- Comprender la terapia cognitiva y conductista
- Aumentar su inteligencia emocional

***¡Controle su ansiedad, cólera y depresión!***

***ESTO ES LO QUE ALGUNOS OPINAN DE "SOS HELP FOR EMOTIONS"***

*"Capta maravillosamente el espíritu de la Terapia Racional Emotiva Conductual expresándolo en un lenguaje conciso, evocador y ocurrente. Una joya que introduce la Terapia Racional Emotiva Conductual."*

– Albert Ellis, Ph. D., Presidente del "Albert Ellis Intitute" y autor de "A Guide to Rational Living."

*"¡SOS es una obra maravillosa! El uso de caricaturas, dibujos e ilustraciones es cautivador."*

– Donal Beal, Ph.D., Profesor Adjunto de Psicología, Eastern Kentucky Universtity.

*"¡Es espectacular! SOS es el mejor libro de autoayuda que he visto, basado en la Terapia Racional Emotiva Conductual."*

– Raymond DiGiuseppe, Ph. D. Director de Educación Profesional en el "Albert Ellis Institute" y profesor de psicología en "St. John's University."

SOS Help For Emotions
es un libro de autoayuda,
no un libro de educación para padres

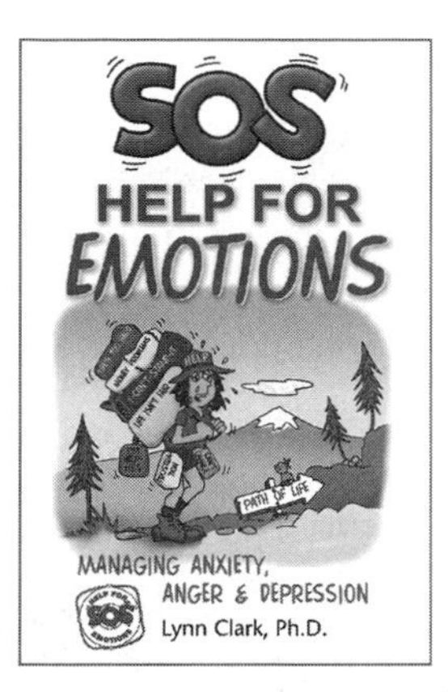


"SOS Help For Emotions: Managing Anxiety, Anger, And Depression," el libro que he escrito sólo está en Inglés, por el momento. En español se podría titular: "SOS Ayuda A Las Emociones: Cómo controlar la ansiedad, la cólera y la depresión" La que sigue es una muestra de una parte del libro traducida al español.

El propósito del libro "SOS Help For Emotions: Managing Anxiety, Anger, And Depression" es ayudarlo a que reduzca y controle sus sentimientos de ansiedad, cólera y depresión y a que se sienta más contento en su vida diaria. En consecuencia, tendrá más éxito en el logro de sus objetivos, difrutará más de la vida, experimentará un mejoramiento en sus relaciones y se sentirá más saludable.

## Creencias Irracionales y Auto-instrucciones

*En gran parte, aunque no en su totalidad, nuestras emociones están controladas por nuestras creencias, por el modo en que pensamos y por nuestras auto-instrucciones silenciosas.*

Nuestras creencias racionales e irracionales y la auto-instrucción silenciosa comienzan en la infancia. Aprendemos estas creencias tanto de nuestros padres y nuestra familia como de nuestros pares, amigos, y la sociedad en general, especialmente los medios de comunicación social. Efectivamente, las películas, la televisión, las revistas, las canciones populares y la mayoría de las campañas publicitarias promueven creencias y expectativas irracionales.

**A** Activación externa (evento activador)

*"Me dijo que mi nariz es demasiado grande."*

**B** Creencias, Auto-instrucción

*"No tiene derecho a hablarme de esa manera. No <u>debería</u>, haberse atrevido a insultarme. Es un * w§!»æ! ¡Estúpido! ¿Qué clase de * w§!»æ! se atrevería a decir semejante barbaridad? ¡No soporto que me trate de esta manera!"*

**C** Consecuencia

*"¡Estoy ofendido! ¡Estoy furioso! Me dan ganas de romperle la nariz a ese *w§!»æ! Aunque sea mi jefe, le voy a decir lo que pienso de él y exigirle una disculpa."*

**D** Debate

*"Un momento. Estoy encolerizándome. Soy yo el que controla mi cólera, no él. Estoy molesto pero no tengo por qué encolerizarme. Preferiría que no me hablara de esa manera, pero yo soy el responsable de mi propia ira."*

Elizabeth, una estudiante universitaria de primer año con una larga historia de anorexia se veía muy demacrada. Sin embargo, su novio le dijo: "¡Estás magnífica tal como estás, no aumentes una sola libra!" De esta manera, el novio reforzó la creencia irracional de Elizabeth sobre lo que ha de considerarse un cuerpo atractivo y reforzando así su trastorno de la alimentación.

En muchos casos, no adoptamos creencias irracionales de los demás sino que las creamos a través de nuestras auto-instrucciones. Luego de haber adoptado creencias irracionales propias o ajenas, tendemos a adoctrinarnos continuamente a través de estas creencias irracionales y la auto-instrucción. Lo hacemos a través de la repetición constante de estas creencias y guiándonos por ellas. Una vez creadas, las creencias irracionales permanecen tanto en nuestro consciente como inconsciente a menos que las desafiemos y las modifiquemos.

Preste mucha atención tanto al lenguaje como a las palabras que usa cuando habla consigo mismo, especialmente cuando está enojado. Sus palabras y lenguaje no sólo modelan sus creencias; también le revelan cuáles son sus propias creencias.

Tome consciencia de sus propias creencias y atenúelas a través del estudio de las técnicas de "SOS Help For Emotions". Las creencias irracionales atenuadas reducirán su ansiedad, cólera y depresión y usted se sentirá más contento.

## SOS Inteligencia Emocional

Así como la gente varía en su inteligencia general, también varía en su inteligencia emocional. La Inteligencia Emocional es la capacidad de entender y controlar las propias emociones.

Nuestra inteligencia emocional comprende cinco destrezas:

- Conocer nuestras emociones
- Controlar nuestras emociones
- Reconocer las emociones de los demás
- Controlar las relaciones con los demás
- Motivarnos para lograr nuestros objetivos

Su inteligencia emocional posiblemente contribuye más a que su vida sea más exitosa y placentera que la inteligencia general. La inteligencia emocional es más fruto del aprendizaje que de la herencia por lo tanto se puede mejorar. "SOS Help For Emotions" le enseña métodos específicos que lo capacitarán para controlar mejor sus emociones.

CÓLERA — *¿CONTENERLA O SOLTARLA?*

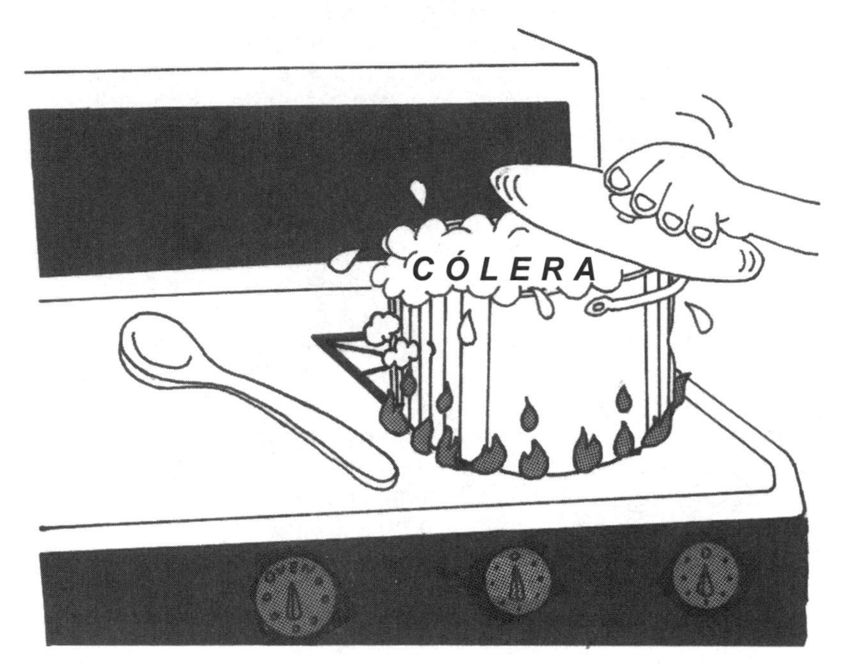


*"¿Qué puedo hacer con mi cólera? ¿Le pongo la tapa o la dejo que hierva y se derrame?*
Respuesta — *¡Bájele el fuego!"*

Usted controla la intensidad de su cólera a través de sus creencias y de lo que se dice a sí mismo sobre el acontecimiento o la persona que lo disgustaron. Sus auto-instrucciones y creencias controlan su cólera como la perilla regula la temperatura.

De la misma manera en que usted quitaría una olla hirviente de la estufa, quítese de la situación que desatará su cólera.

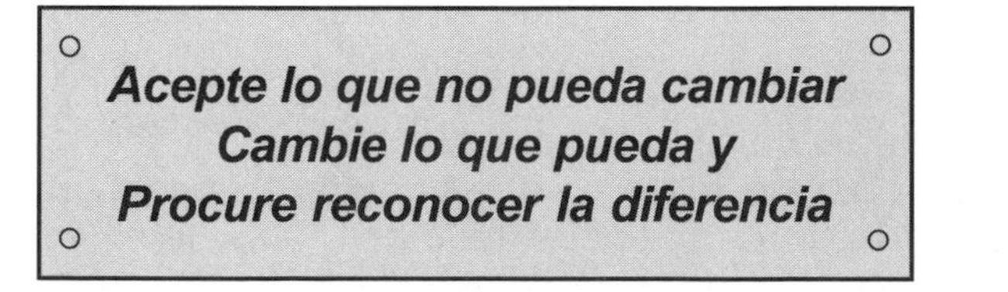

Acepte lo que no pueda cambiar
Cambie lo que pueda y
Procure reconocer la diferencia

# Indice — 46 Problemas de conducta y 23 métodos de SOS

PROBLEMAS QUE LOS PADRES TIENE QUE AFRONTAR

*"¿Lo quieres? ¡Ja, ja, ja!"*

¿Esto le recuerda a sus hijos?

El modo de usar este índice es buscar la conducta-problema específica que su hijo está manifestando y estudiar la variedad de métodos y estrategias que usted puede usar para ayudar a su hijo. El propósito de esta lista no es el de reemplazar la lectura del libro SOS que describe los principios básicos y los métodos para mejorar la conducta.

Este índice lista más de 46 problemas de conducta y más de 23 métodos de SOS para manejar y mejorar esas conductas.

Muchos profesionales de la salud mental en las escuelas, agencias de servicios sociales, y hospitales me han dicho que este índice les resulta muy útil en la formulación del plan de tratamiento para los niños.

Indice

# Indice — 46 Problemas de conducta y 23 métodos de SOS

PROBLEMAS QUE LOS PADRES TIENE QUE AFRONTAR

*"¿Lo quieres? ¡Ja, ja, ja!"*

¿Esto le recuerda a sus hijos?

El modo de usar este índice es buscar la conducta-problema específica que su hijo está manifestando y estudiar la variedad de métodos y estrategias que usted puede usar para ayudar a su hijo. El propósito de esta lista no es el de reemplazar la lectura del libro SOS que describe los principios básicos y los métodos para mejorar la conducta.



231

***El DVD Video SOS Ayuda Para Padres***

Un Programa de Educación Para
Padres a través de Video-Discusión
http://www.sosprograms.com

SOS
AYUDA PARA
PADRES
Una Guía Práctica para Manejar Problemas
de Conducta Comunes y Corrientes
Lynn Clark, Ph.D.

SOS
HELP FOR
PARENTS
A PRACTICAL GUIDE FOR HANDLING COMMON
EVERYDAY BEHAVIOR PROBLEMS
Lynn Clark, Ph.D.

<http://www.sosprograms.com>

## El DVD Video SOS Ayuda Para Padres

Un Video Educativo

Para Los Padres

This DVD Video Spanish parent education program is based on the book, *SOS Ayuda Para Padres*. The program includes the 73 minute DVD, 73 minute VHS videocassette (identical content), *Video Leader's Guide* (now only available in English), reproducible Parent Handouts (in Spanish), and *SOS Ayuda Para Padres* book. All words are spoken in Spanish.

All SOS DVDs play internationally in all regions of the world on TVs with DVD players and computers with DVD players.

View a video clip or sample of El DVD Video SOS Ayuda Para Padres, at our SOS website, <http://www.sosprograms.com>

Also at our website, you can view video clips from The DVD Video SOS Help For Parents, where the spoken language is English.

Spanish DVD Video program ISBN-10: 0-935111-46-8 and corresponding ISBN-13: 978-0-935111-47-7

In the first three minutes of the DVD and videocassette, there are instructions in Spanish, for the person presenting the program.

The SOS DVD and Video are used by counselors, parent groups, educators, churches, and social service professionals and are intended for parenting workshops, staff development, in-service training, teacher training, classroom use, and parent counseling. Many counselors, meeting with parents individually, view the DVD and video and discuss behavior management methods and techniques with these parents.

Part One may be viewed by a group or individually. For Part Two, a group leader needs to guide the discussion following each of the parenting scenes. The easy-to-use DVD Video Leader's Guide (now available only in English) offers discussion questions for each scene. Enjoyable and user-friendly, the SOS DVD Video program educates others in more than 20 SOS parenting skills. Over 10,000 programs (in English & Spanish) are in use.

Visit our website http://www.sosprograms.com
See a two minute sample from "El DVD Video SOS Ayuda Para Padres"
**SOS Programs & Parents Press**, PO Box 2180,
Bowling Green, KY 42102-2180 USA

Order at website. Or order by phone 1-800-576-1582 toll free, weekdays. Or phone 1-270-842-4571. FAX is 270-796-9194. For VISA or MasterCard orders, clearly indicate which card, card expiration date, card #, & phone #. Bookstores can order from Distributors. Please order in English only.

___ Copies of **SOS Help For Emotions** book for $14.00. In English only. Not a parenting book. (2nd Edition Book ISBN-10: 0-935111-52-2 and ISBN-13: 978-0-935111-52-1)

___ Copies of Spanish book **SOS Ayuda Para Padres** for $14.00. For parents of children 2 to 12 years old. (Spanish Book ISBN-10: 0-935111-47-6 and ISBN-13: 978-0-935111-47-7)

___ Copies of **SOS Help For Parents** book in English for $14.00. For parents of children 2 to 12 years old. In English. (3nd Edition Book ISBN-10: 0-935111-21-2 and ISBN-13: 978-0935111-21-7)

___ **El DVD Video SOS Ayuda Para Padres** (Spanish ISBN-10: 0-935111-48-4 and ISBN-13: 978-0-935111-48-4) education program is $180.00, shipping within USA included. See description on other pages. Visit our website and see a two minute sample.

___ **The DVD Video SOS Help For Parents** education program in English for $180.00, shipping within USA included. Program includes 72 minute DVD, 72 minute videocassette (same content), *Video Leader's Guide*, Parent Handouts, & *SOS Help For Parents* book. (SOS DVD Video ISBN-10: 0-935111-38-7 and ISBN-13: 978-0-935111-38-5) Visit our website and see video samples.

Orders from individuals must be prepaid by check or credit card. Agencies may FAX their purchase orders. We pay any taxes. Federal Tax #61-1225614. If not satisfied, I understand that I may return any of the materials for a refund.

Mailing Label — Please Clearly Print

Name: ______________________________

Address: ______________________________

City: ____________________ State: ________ Zip: ________

***Shipping:*** Include only $5.00 shipping for first book or audiotape and $1.00 shipping for each additional book or audiotape.

___ ***Air Mail or UPS:*** I can't wait 2 weeks for Book Rate shipping. Enclosed is $6.00 total shipping for first book or audiotape, and $1.00 for each additional book or audiotape.

___ ***Quantity Discounts:*** If you are ordering at least five books, deduct 20% from the total cost of the books. You may mix titles of books to total five.

***Foreign Orders*** must be prepaid in US funds (credit cards or checks on US banks). For shipping, first book is $12 and each additional book is $2. Also, books available through Amazon. Email questions to sos@sosprograms.com

# El DVD Video SOS Ayuda Para Padres

## Un Video Educativo Para Los Padres

<http://www.sosprograms.com>

This DVD Video Spanish parent education program is based on the book, *SOS Ayuda Para Padres*. The program includes the 73 minute DVD, 73 minute VHS videocassette (identical content), *Video Leader's Guide* (now only available in English), reproducible Parent Handouts (in Spanish), and *SOS Ayuda Para Padres* book. All words are spoken in Spanish.

All SOS DVDs play internationally in all regions of the world on TVs with DVD players and computers with DVD players.

View a video clip or sample of El DVD Video SOS Ayuda Para Padres, at our SOS website, <http://www.sosprograms.com>

Also at our website, you can view video clips from The DVD Video SOS Help For Parents, where the spoken language is English.

Spanish DVD Video program ISBN-10: 0-935111-46-8 and corresponding ISBN-13: 978-0-935111-47-7

In the first three minutes of the DVD and videocassette, there are instructions in Spanish, for the person presenting the program.

The SOS DVD and Video are used by counselors, parent groups, educators, churches, and social service professionals and are intended for parenting workshops, staff development, in-service training, teacher training, classroom use, and parent counseling. Many counselors, meeting with parents individually, view the DVD and video and discuss behavior management methods and techniques with these parents.

Part One may be viewed by a group or individually. For Part Two, a group leader needs to guide the discussion following each of the parenting scenes. The easy-to-use DVD Video Leader's Guide (now available only in English) offers discussion questions for each scene. Enjoyable and user-friendly, the SOS DVD Video program educates others in more than 20 SOS parenting skills. Over 10,000 programs (in English & Spanish) are in use.

Visit our website http://www.sosprograms.com
See a two minute sample from "El DVD Video SOS Ayuda Para Padres"
**SOS Programs & Parents Press**, PO Box 2180,
Bowling Green, KY 42102-2180 USA

Order at website. Or order by phone 1-800-576-1582 toll free, weekdays. Or phone 1-270-842-4571. FAX is 270-796-9194. For VISA or MasterCard orders, clearly indicate which card, card expiration date, card #, & phone #. Bookstores can order from Distributors. Please order in English only.

___ Copies of **SOS Help For Emotions** book for $14.00. In English only. Not a parenting book. (2nd Edition Book ISBN-10: 0-935111-52-2 and ISBN-13: 978-0-935111-52-1)

___ Copies of Spanish book **SOS Ayuda Para Padres** for $14.00. For parents of children 2 to 12 years old. (Spanish Book ISBN-10: 0-935111-47-6 and ISBN-13: 978-0-935111-47-7)

___ Copies of **SOS Help For Parents** book in English for $14.00. For parents of children 2 to 12 years old. In English. (3nd Edition Book ISBN-10: 0-935111-21-2 and ISBN-13: 978-0935111-21-7)

___ **El DVD Video SOS Ayuda Para Padres** (Spanish ISBN-10: 0-935111-48-4 and ISBN-13: 978-0-935111-48-4) education program is $180.00, shipping within USA included. See description on other pages. Visit our website and see a two minute sample.

___ **The DVD Video SOS Help For Parents** education program in English for $180.00, shipping within USA included. Program includes 72 minute DVD, 72 minute videocassette (same content), *Video Leader's Guide*, Parent Handouts, & *SOS Help For Parents* book. (SOS DVD Video ISBN-10: 0-935111-38-7 and ISBN-13: 978-0-935111-38-5) Visit our website and see video samples.

Orders from individuals must be prepaid by check or credit card. Agencies may FAX their purchase orders. We pay any taxes. Federal Tax #61-1225614. If not satisfied, I understand that I may return any of the materials for a refund.

Mailing Label — Please Clearly Print

Name: ______________________________

Address: ______________________________

City: ______________ State: ________ Zip: _______

***Shipping:*** Include only $5.00 shipping for first book or audiotape and $1.00 shipping for each additional book or audiotape.

___ ***Air Mail or UPS:*** I can't wait 2 weeks for Book Rate shipping. Enclosed is $6.00 total shipping for first book or audiotape, and $1.00 for each additional book or audiotape.

___ ***Quantity Discounts:*** If you are ordering at least five books, deduct 20% from the total cost of the books. You may mix titles of books to total five.

***Foreign Orders*** must be prepaid in US funds (credit cards or checks on US banks). For shipping, first book is $12 and each additional book is $2. Also, books available through Amazon. Email questions to sos@sosprograms.com

## *SOS Ayuda Para Padres: Una Guía Práctica Para Manejar Problemas de Conducta Comunes y Corrientes*

SOS en español

SOS en inglés

SOS en turco

SOS en chino
Universidad de Beijing

SOS en coreano

SOS en chino
Taiwan

SOS en húngaro

SOS en árabe

SOS en islandés